사도행전 선교적 읽기

IVP(InterVarsity Press)는
캠퍼스와 세상 속의 하나님 나라 운동을 지향하는
IVF(InterVarsity Christian Fellowship)의 출판부로
생각하는 그리스도인을 위한 문서 운동을 실천합니다.

사도행전 선교적 읽기

하나님의 선교,
샬롬의 공동체를 세우다

박영호

IVP

차례

들어가는 글	성경을 선교적으로 읽는다는 것	7
1. 회복	이스라엘의 회복과 사도행전	15
2. 부활	부활과 새 창조	33
3. 복음	오늘, 예수님의 이야기	57
4. 구원	하늘과 땅의 새로운 관계	75
5. 흩어짐	교회의 확장과 포스트크리스텐덤	95
6. 사회	다차원적 사회 속 복음의 에토스	113
7. 성령	말씀의 승리와 성령	129
8. 샬롬	샬롬, 선교의 목적	143
9. 에클레시아	세상의 에클레시아, 하나님의 에클레시아	165
나가는 글	샬롬의 공동체를 위하여	193
주		201

일러두기
◦ 이 책은 2023년 선교한국대회 강사 세미나에서 강의한 내용을
  토대로 하여 출간된 것입니다.

들어가는 글
성경을 선교적으로 읽는다는 것

성경을 선교적으로 읽는다는 것은 무슨 뜻일까요? 이 질문에 대답하려면 '선교적 교회'(missional church)가 무엇인지 먼저 물어야 합니다. 예전에는 선교를 교회가 하는 많은 활동 중의 하나로 인식했습니다. '교회의 선교'(missio ecclesiae)입니다. 반면에 '하나님의 선교'(missio Dei)는 이 세상을 구원하시고 회복하시는 하나님의 사역 전체를 가리킵니다. 이렇게 볼 때 교회는 하나님이 자신의 선교를 위해서 사용하시는 많은 수단 중의 하나입니다.

선교가 교회보다 큽니다. 교회의 선교에서는 교회가 선교를 소유하지만, 하나님의 선교에서는 삼위일체 하나님이 선교를 이끌고 가시며, 교회를 사용하십니다. 선교적 교회는 교회의 성장을 위한 하나의 방법이 아닙니다. 교회 프로그램의 하나로서 선교를 열심히 하자는 제안도 아닙니다. 하나님의 선교를 위해 세상에 보냄 받은 공동체로서 교회의 본질을 자각하자는 도전입니다. 이러한 의미에서 성경을 선교적으로 읽는다는 것은 신구약성경 전체가 어떻게 하나님의 선교를 향하고 있는가를 알아 가는 것입니다.

로잔대회의 선교신학 정립에 핵심적인 역할을 담당한 크리스토퍼 라이트(Christopher Wright)의 『하나님의 선교』(Mission of God, IVP)는 이 주제에 관한 대표작이라 할 수 있습니다. 이 책에서는 선교적 성경 읽기의 핵심 개념을 데이비드 보쉬(David Bosch)의 말을 인용하여 소개합니다.

[성경에서 선교를 강조하는 구절을 뽑아서 제시하는] 이 절차가 불법이라는 것은 아니다. 그것도 분명 나름대로 가치가 있다. 하지만 그것은 선교 명령의 타당성을 확증하기 위해 기여한 바가 거의 없다. 이러한 타당성은 따로 분리된 본문들과 사건들이 아니라, 신구약의 중심 메시지에서 끌어내야 한다.[1]

교회는 전통적으로 선교와 관련된 성경 구절을 여기저기서 뽑아서 나열하면서, 혹은 나름대로 구조화해서 배열한 뒤 '이것이 성경적인 선교다'라는 식으로 선교를 강조해 왔습니다. 그러나 보쉬의 말에 의하면, 이러한 접근은 효과적이지 않다는 것입니다.

사실 성경에서는 다양한 주제를 뽑아낼 수 있습니다. 구원이나 교회에 대해서뿐만 아니라 가정생활, 자녀 교육의 원리, 대화의 중요성 등도 관련 구절을 뽑아내어 구조화할 수 있습니다. 그러나 '선교'는 그리스도인이 성경을 참고로 하여 말할 수 있는 많은 주제 중 하나가 아닙니다. 성경 전체가 선교의 필요성을 말하고, 선교의 방향을 제시하고 있기 때문입니다.

오늘날 교회에 필요한 성경 읽기

오늘날 교회에 필요한 성경 읽기는 교회가 하고 있는 일들을 따로 분리된 몇 개의 성경 본문으로 뒷받침하는 읽기가 아니라, 성경 전체의 메시지와 교회의 본질 간의 관계를 규명하는 일입니다. 사실 100여 년 전만 해도 성서학자들이 조직신학을 가르치는 일이 흔했습니다. 지금은 상상하기 힘든 일이지요. 요새는 어떤 성서학자에게 바울에 대해 물어보면 "나는 복음서 전공입니다"라면서 고개를 젓고, 마태복음에 대해 물어보면 "아! 저는 요한복음 전공입니다"라면서 겸양의 웃음을 짓는 일을 많이 봅니다. 이런 현상은 한편으로는 엄밀한 분석과 논쟁을 숭상하는 모더니즘의 영향이기도 하고, 또 한편으로는 거대 내러티브를 불신하고 적대시하는 포스트모더니즘의 영향이기도 합니다.

유발 하라리류의 세계 역사 이해나, 시오노 나나미의 로마인 이야기 같은 책이 세부적인 부분에서 많은 오류를 지적받으면서도 여전히 대중을 사로잡는 것은 이야기가 가진 힘 때문입니다. 한국에서도 최근 몇몇 과학자들이 인문학 분야를 오가면서 대중

강연 등으로 인기를 누리고 있습니다. 그러나 과학적 지식을 인문학적 통찰로 풀어낸다기보다는, 상관없어 보이는 지식들을 하나의 이야기로 엮어서 말하는 능력에 기인한 경우가 많습니다. 포스트모더니즘의 의심스러운 눈초리를 피해 거대 담론의 장에서 인문학이 물러난 사이에, 다른 분야의 이야기꾼들이 그 영역을 차지한 형국이라고 볼 수 있습니다. 신학과 성경 연구에서도 인문학 일반에서 발견되는 이러한 거대 내러티브의 퇴조가 관찰됩니다.

이러한 상황에서 성경 전체를 하나의 이야기로 읽어야 한다는 목소리가 높아지고 있는 것은 반가운 일입니다. 이와 관련된 최근 논의의 알짬을 정리하면 다음과 같습니다. 곧 성경을 5막으로 구성된 드라마로 보는 것입니다.

창조 – 타락 – 이스라엘 – 예수 – 교회

하나님이 창조하신 세상이 죄로 인해 타락했고, 하나님은 회복을 위해 이스라엘을 선택하셨으며, 이스라엘이 실패한 지점에서 예수님을 보내셔서 십자가와 부활로 구원을 이루셨습니다. 온 세계를 회복하시는 하나님의 큰 계획입니다. 그다음, 다섯 번째 막이 교회입니다. 우리가 지금 속한 때입니다. 이 끝에 종말 혹은 완성이 있습니다. 이는 아직 끝나지 않은, 지금도 계속되는 드라마입니다. "보라. 내가 만물을 새롭게 하노라"(계 21:5) 하실 시점이 구원의 완성인데, 완성될 새 하늘과 새 땅에 대한 대략적인 묘사는 있지만, 그 완성이 이르기까지 어떤 모양으로 전개될 것인지의 과정은 아직 비어 있습니다.

성경의 독자들은 처음에는 관객으로 성경 이야기를 구경합니다. 멀찍이 거리를 두고 보다가 점점 몰입하면서, 자신의 모습을 발견하고 우리 시대의 이야기를 비추어 보기도 하지요. 그렇게 '창조-타락-이스라엘-예수'의 막이 지나고, 마지막 '교회'의 막이 올라 어느 시점이 되면 감독이 관객에게 '이제 너의 차례야' 하면서 무대에 올라와 연기하라고 합니다. 그런데 대본은 없습니다. 그렇지만 1막부터 이어진 이야기를 잘 들여다봤다면, 전체 흐름을 알고, 그 지향점과 가치와 행동의 패턴이 내재화되고, 감이 생겨서 그 감을 가지고 이어서 연기를 해 나갈 수 있는 것입니다. 그야말로 즉흥 연기입니다. 그러나 제 마음대로 하는 연기는 아닙니다.

어떤 학자들은 성경 이야기를 살아가는 일을 재즈 연주에 비유합니다. 다른 이의 연주를 한참 듣다가 색소폰 하나 들고 함께 연주를 시작한 음악가를 생각해 보십시오. 악보 없이, 그러나 지금까지 듣던 연주에 이어서 함께 연주합니다. 이것이 우리가 우리의 현실에서 성경의 이야기를 살아 내는 방식입니다. 하나님이 1막에서 5막 중간까지 어떻게 일해 오셨는가를 보고, 하나님의 백성들이 그 일에 어떻게 반응해 왔는가를 보는 일이 우리 선교의 방향을 제시하고, 실천의 전략도 제시해 줄 것입니다.

사도행전을 선교적으로 읽기

이렇게 보면 이 책의 주제인 '사도행전을 어떻게 선교적으로 읽을 것인가?'라는 질문이 위치한 자리가 선명하게 보입니다. 사도행전은 당연히 선교 이야기이기 때문에 그 안의 선교 활동들을 뽑아서 강조하는 것은 어렵지 않습니다. 오히려 '사도행전을 어떻게 선교적이 아닌 방식으로 읽을 수 있을까?'라고 물어야 할 것입니다. 그러나 '하나님의 선교'라는 성경 전체의 관점을 선교라 한다면, 사도행전에서 전도하는 활동을 발견하는 것에 앞서, 성경 전체를 관통하는 하나님의 구원 행위와 사도행전이 어떻게 연결되는지에 초점을 맞추어야 합니다. 사도행전을 선교적으로 읽는다는 것은 첫째로, 신구약성경이라는 큰 드라마 안에서 사도행전의 위치와 의미를 묻는다는 말이 될 것입니다. 둘째로는 과거에 끝난 이야기가 아니라, 오늘에 계속되는 이야기로 읽는다는 말입니다.

이 책은 로잔대회를 맞아 한국의 교회들이 함께 사도행전을 설교하자는 기획에서 나왔습니다. 포항에서 열린 제4차 로잔대회를 위한 콘퍼런스 동안 유기성 목사님, 이재훈 목사님과 한국 교회를 위한 꿈을 나누면서 자연스럽게 사도행전 공동설교의 비전을 갖게 되었습니다. 주승중, 안광복, 김경진, 최성은, 신문수, 윤마태 목사님이 적극 힘을 보태 주셨습니다. 함께 묵상을 나눌 필진으로는 권성찬, 김영봉, 김유복, 김의신, 박대영, 이정규, 정갑신, 진희경, 한기채, 화종부 목사님이 헌신해 주셨습니다. 이분들의 성숙한 신학과 치열한 글쓰기는 하나님이 한국 교회에 허락하신 큰 은혜입니다.

　미래목회와말씀연구원에서는 목회자들이 함께 말씀을 나누는 '프로페짜이' 운동을 지난 6년간 꾸준히 해 왔습니다. 그간 쌓인 경험이 이번 네트워크에 큰 도움이 되었습니다. 이사장이신 김지철 목사님을 비롯해 운영위원들께서 적극 지원해 주셨습니다. 네트워크를 섬기는 일에 포항제일교회 당회가 전심으로 동참해 주셨으며, 성도님들이 기도로 돕고 계십니다. 김경원 목사님, 류가람 목사님을 비롯한 포항제일교회와 미목원의 사역자들께도 감사드립니다.

　말씀 네트워크를 준비하는 동안 선교한국 대표 최읍 선교사님이 연락해 오셨습니다. 최 선교사님의 요청으로 2023년 8월, 선교한국대회의 강사님들과 성경을 공부할 시간을 갖게 되었습니다. 이 책의 내용은 그때 나누었던 말씀을 정리한 것입니다. 함께 말씀을 대하는 선교사님들의 빛나는 눈동자들을 잊지 못할 것입니다. 벼랑 끝 같은 사역 현장에 계신 분들, 핍박의 한복판에 서 계신 분들도 계셨습니다. 선교사님들의 눈빛을 통해서 2천 년 전 바울이 고린도, 에베소, 빌립보에서 마주했던 청중들의 상기된 얼굴을 떠올릴 수 있었습니다.

　로잔이라는 계기를 통해서 다양한 교단과 배경의 목회자들,

선교사들이 함께 말씀으로 만나는 은혜를 누리고 있습니다. 이제 그 내용을 책으로 펴내면서 독자 여러분을 만나게 되었습니다. 사도행전의 선교는 다양한 영역의 사람들이 교류하는 과정에서 생성된 역동적인 역사라는 점을 생각할 때, 사도행전의 말씀을 통해서 수많은 교회들, 선교의 현장들, 그리스도인들의 삶이 만나는 말씀 네트워크는 초대교회의 역동적인 신앙을 오늘에 이어 가는 한 방법이 될 것입니다. 이 만남의 중요한 축을 담당해 주신 IVP의 정모세 대표와 심혜인 간사께 감사의 마음 전합니다.

회복

1
이스라엘의 회복과 사도행전

주께서 이스라엘 나라를 회복하심이 이때니이까?
(행 1:6)

이스라엘의 회복은
만물을 회복하시려는 하나님의 계획이
출발하는 지점입니다.
그리스도의 부활로 시작된 창조의 회복이
하나님의 선교입니다.

사도행전을 선교적으로 읽으려는 출발점 앞에 선 우리가 먼저 기억해야 할 것은, 누가복음과 사도행전이 한 시리즈에 속한 두 작품이라는 사실입니다. 사도행전 해석은 누가복음 1:1에서부터 시작해야 합니다. 누가복음의 서언은 누가복음뿐 아니라 사도행전까지 아우르는 2부작 시리즈 전체를 도입하는 말로 보아야 합니다.

이 서문은 고대 역사서의 시작과 유사합니다. 고대 그리스의 역사가 헤로도토스(Herodotus)는 『역사』(*Histories*)에서 자신의 역사 연구를 가리켜 '탐구'(Ἱστορίαι)라 했습니다. 이는 특정한 시기에 일어난 일을 탐구하여 기록한다는 의미로, 영어의 'history'라는 단어가 여기서 유래한 것입니다. 누가도 이와 비슷한 탐구 작업을 "그 모든 일을 근원부터 자세히 미루어 살[폈다]"라는 말로 표현하고 있습니다.

우리 중에 이루어진 사실에(the things that have been fulfilled among us) 대하여 처음부터 목격자와 말씀의 일꾼 된 자들이 전하여 준 그대로 내력을 저술하려고 붓을 든 사람이 많은지라. 그 모든 일을 근원부터 자세히 미루어 살핀 나도 데오빌로 각하에게 차례대로 써 보내는 것이 좋은 줄 알았노니 이는 각하가 알고 있는 바를 더 확실하게 하려 함이로라. (눅 1:1-4)

보통 역사는 '일어난'(happened) 일에 대한 탐구와 기록입니다. 그러나 누가복음은 "이루어진"(fulfilled) 일이라고 합니다. 하나님의 뜻이 성취되었다는 의미입니다. 또한 구약성경에서 약속되었던 바들이 성취된 것이 바로 예수님의 이야기라고 말하는 것입니다. 누가복음과 사도행전은 복음을 구약에서 약속되었던 내용이 성취된 역사로 보아야 한다는 사실을 분명히 하고 있습니다.

예수님 당시 유대인들은 자신들을 향한 하나님의 약속이 성취되기를 간절히 기다렸습니다. 누가복음 2장에서는 시므온이라는 사람을 "의롭고 경건하여 이스라엘의 위로를 기다리는 자"(눅 2:25)라고 소개합니다. '의롭고 경건하다'는 말이 하나님이 이스라엘을 위하여 행하실 일을 '기다리는 사람'이라는 말과 나란히 쓰이고 있습니다.

이스라엘의 회복에 대한 소망

사도행전 1장을 볼까요? 예수님이 승천하시기 직전에 제자들이 "주께서 이스라엘 나라를 회복하심이 이때니이까?"라고 질문합니다. 전통적으로 제자들의 이 질문은 그들이 정치적 의미에서 이스라엘 나라의 회복을 염원한 것으로 해석되어 왔습니다. 그리고 예수님은 그것이 아니라 전도와 영혼 구원을 강조하신 것이며, 제자들이 바랐던 '이스라엘의 회복'은 잘못된 기대였다는 관점으로 이해되어 왔습니다.

하지만 이 본문에서 예수님은 그러한 기대 자체가 잘못되었다고 하시지 않습니다. '이스라엘의 회복은 이제 더 이상 기대하지 말고, 예수 믿고 천국 가는 복음을 전해야 한다'라고 하지 않으셨습니다. 이스라엘 회복의 염원은 부정하지 않으시지만, 그 회복의 때와 시기는 하나님께 맡기라고 하셨습니다. 그리고 제자들에게 부활의 증인이 되라고 말씀하시는 것입니다. 이스라엘의 회복이라는 이 소망 자체가 없어진 게 아닙니다.

부활의 증인이 된다는 것은 이스라엘 회복의 서막을 알리는 일입니다. 사도행전의 마지막 장을 보면, 사도 바울이 예루살렘을 거쳐 로마에 도착해서 로마에 있는 유대인들한테 이런 말을 합니다.

> 이러므로 너희를 보고 함께 이야기하려고 청하였으니 이스라엘의 소망으로 말미암아 내가 이 쇠사슬에 매인 바 되었노라. (행 28:20)

'쇠사슬에 매였다'는 것은 바울의 인생 전체의 의미를 말하는 대목입니다. 자신이 지금까지 고생을 마다하지 않고 살아가는 이유는 이스라엘의 소망 때문이라는 것입니다. 이스라엘의 소망, 즉 이스라엘의 회복은 지나간 이야기일 뿐이고, 지금 자신이 개인 구원을 위한 전도에 힘쓰고 있다고 말하는 것이 아닙니다. 이스라엘의 소망은 사도행전의 마지막까지 여전히 남아 있는 그의 신학적 핵심이었고, 인생의 의미였습니다.

회복의 때에 대한 관심

그렇다면 이스라엘의 종말론적인 소망의 내용은 무엇이었을까요? 예수님 시대는 이스라엘 역사에서 이른바 '제2성전기' 시대에 속합니다. 바빌론 포로기 이후에 제2성전이 세워진 주전 515년부터 로마군에 의해 무너진 주후 70년까지를 가리킵니다. 이 시기의 유대인들은 과연 무엇을 대망하고 있었을까요?

세례 요한이 예수님께 사람을 보내어 "오실 그이가 당신이오니이까? 우리가 다른 이를 기다리오리이까?"(마 11:3) 질문한 적이 있습니다. 사실 이것은 예수님의 메시아적 본질에 초점을 맞춘 질문은 아니었습니다. 그가 관심 있었던 것은 '우리가 더 기다려야 하는가?' 아니면 '지금이 그날인가?' 하는 것이었습니다. 오늘날 기독교 신학은 기독론에 관심이 쏠려 있기 때문에 메시아의 특성에 대한 논의가 많이 이루어지지만, 당시 사람들은 메시아 자체에 대해서는 큰 관심이 없었던 것 같습니다. 그들의 압도적인 관심은 '때'에 관한 것이었습니다.

요한복음 3장에서 니고데모가 예수님을 찾아온 이야기도 마찬가지입니다. 그는 예수님께 은밀히 찾아와 넌지시 질문을 던집니다.

> 그가 밤에 예수께 와서 이르되 '랍비여, 우리가 당신은 하나님께로부터 오신 선생인 줄 아나이다. 하나님이 함께하시지 아니하시면 당신이 행하시는 이 표적을 아무도 할 수 없음이니이다.' (요 3:2)

이 질문의 배후에도 때에 대한 관심이 있습니다. 하나님이 이스라엘 가운데 놀라운 표적을 행하시기 시작하셨다면, 우리가 그렇게 기다리던 그때가 왔다고 보아도 좋은가 하는 질문입니다. 약간의 차이는 있지만 세례 요한과 니고데모의 질문, 그리고 부활 후 예수님께 제자들이 던진 질문은 범주적으로 동일합니다. '이스라엘 나라를 회복하심이 지금 이때입니까?'를 확인하는 데 모든 관심이 집중되어 있었던 것입니다. 하박국 선지자가 "이 묵시는 정한 때가 있나니 그 종말이 속히 이르겠고 결코 거짓되지 아니하리라. 비록 더딜지라도 기다리라. 지체되지 않고 반드시 응하리라"(합 2:3) 라고 한 말씀, 다니엘서에 나오는 "한 때와 두 때와 반 때"(단 7:25) 동안 이스라엘이 고난을 당할 것이라는 말씀은 '회복의 때'에 대한 당시 유대인들의 압도적인 관심의 배경이 됩니다.

그런데 이와 같이 '때'에 모든 관심이 집중되어 있을 때 다음과 같은 문제가 생깁니다.

첫째, 니고데모가 예수님께 "당신이 하나님의 나라를 가져올 사람인 것 같습니다!"라고 한 말에는 '지금 하나님 나라가 임하면 나는 당연히 그 안에 들어간다'라는 전제가 깔려 있습니다. "지금 우리는 하나님 나라를 간절히 기다립니다. 도대체 언제입니까?"라는 질문에는 자신이 당연히 그 일원이 될 거라는 전제가 있는 것입니다. 이것은 개인적이고 윤리적인 자신감이라기보다는, 하나님의 언약 백성이라고 하는 신분에 대한 집단주의적 사고의 결과입니다.

이에 예수님은 뭐라고 답하십니까? "진실로 진실로 네게 이르노니 사람이 거듭나지 아니하면 하나님의 나라를 볼 수 없느니라"(요 3:3). 여기서 '위로부터 거듭난다'는 말씀의 내용도 중요하지만 더 중요한 초점이 있습니다. 당시 유대인들은 이스라엘 나라 전체를 한 덩어리로 보고 적어도 경건한 이스라엘은 그대로 이스라엘의 회복, 즉 하나님 통치의 수혜자가 된다고 생각했습니다. 하지만 예수님은 그 전제를 부정하십니다. 너희들 한 사람 한 사람 각각이 어떤 기준에 의해서 하나님 나라로 들어갈 수도 있고 못 들어갈 수도 있으니 긴장해야 할 것이라고 말씀하십니다.

예수님 말씀의 핵심적인 도전은 '유대인이라고 해서 당연히 하나님의 나라에 들어간다고 생각하지 말라'는 것입니다. 니고데모가 생각하는 구원은 이스라엘 전체가 (소수의 죄인들을 제외하면) 집단적으로 얻을 구원이었지만, 예수님은 개인적인 자격을 따져 보아야 할 것이라고 말씀하시는 것입니다. 구원에 있어서 집단주의적 이해가 깨어지고, 개인주의적 분리가 일어나는 것입니다. 사도행전 2장에서 베드로가 예루살렘에 있는 유대인들에게 "너희가 회개하여 **각각** 예수 그리스도의 이름으로 세례를 받고 죄 사함을 받으라"(행 2:38)라고 선포하는 것에 주목하십시오. '개인 구원'은 어떤 사회의 변화나 공동체의 회복이라는 비전 안에 용해될 수 없는, 신약 신앙의 단단한 중심입니다.

둘째, 민족적 회복의 내용에 있어서 인간의 기대가 하나님의 통치의 내용을 한정해 버렸다는 것입니다. 예수님 당시에 이스라엘의 회복을 이야기할 때 사람들의 머리를 강하게 지배하고 있던 그림이 무엇이었을까요? '하나님이 다스리시고 이스라엘이 회복되면 어떤 일이 일어날까?'라는 것을 생각할 때 가장 쉬운 그림은 다윗 왕조와 그 영광의 회복이었습니다. 복음서에서 예수님이 가시는 곳마다 사람들이 "다윗의 자손 예수여!"라고 소리친 이유도 동일합니다.

회복은 회귀가 아니다

사도들이 전한 복음은 다윗 왕조의 회복과 어떤 관계가 있었을까요? 사도행전 2:29-33 말씀을 보겠습니다.

형제들아, 내가 조상 다윗에 대하여 담대히 말할 수 있노니 다윗이 죽어 장사되어 그 묘가 오늘까지 우리 중에 있도다. 그는 선지자라. 하나님이 이미 맹세하사 그 자손 중에서 한 사람을 그 위에 앉게 하리라 하심을 알고 미리 본 고로 그리스도의 부활을 말하되 '그가 음부에 버림이 되지 않고 그의 육신이 썩음을 당하지 아니하시리라' 하더니 이 예수를 하나님이 살리신지라. 우리가 다 이 일에 증인이로다. 하나님이 오른손으로 예수를 높이시매 그가 약속하신 성령을 아버지께 받아서 너희가 보고 듣는 이것을 부어 주셨느니라.

사도들이 성령을 받고 예수님 부활의 의미를 알게 된 다음 한 말입니다. 그리스도의 부활을 다윗이 예언하였고, 그 예언대로 그가 음부의 버림이 되지 않고 이 예수를 하나님이 살리셨으며, 자신들이 다 이 모든 일의 증인이 되었다고 하면서 성령 이야기를 합니다. 이들은 증인인데, 부활의 증인입니다.

이때 '다윗은 죽어서 그 묘가 우리 가운데 있다'라는 말로 다윗의 죽음과 예수님의 부활이 대조됩니다. 다윗 왕조가 그대로 '회복'되어 봤자, 또다시 연약함에 죄를 짓고 언젠가 또 죽을 것이기 때문입니다. 예수 그리스도께서 죽음을 이기고 부활하셨다는 사실은 다윗 왕조의 가시적 회복을 훨씬 뛰어넘는 어떤 근본적인 변화를 예수님이 가져오셨다는, 그 '회복'이 예수님의 '부활'에 집약되어 있고 사도들이 이를 증언하고 있다는 것입니다.

그러면 그 '회복'이란 무엇일까요? 구약에서 하나님이 이스라엘을 회복하시겠다는 것은 이스라엘 민족만을 회복하시겠다는 것이 아니라, 이스라엘을 통해서 만물을 회복하시겠다는 약속입니다. 곧 창조의 회복입니다. 그러나 처음 창조하신 그대로 돌아간다는 말은 아닙니다. 창조 때로 돌아가면 또 아담과 같은 죄를 지을 수 있기 때문입니다. 그래서 신학자 미로슬라브 볼프(Miroslav Volf)는 이런 그림을 그려서 설명을 했습니다.¹

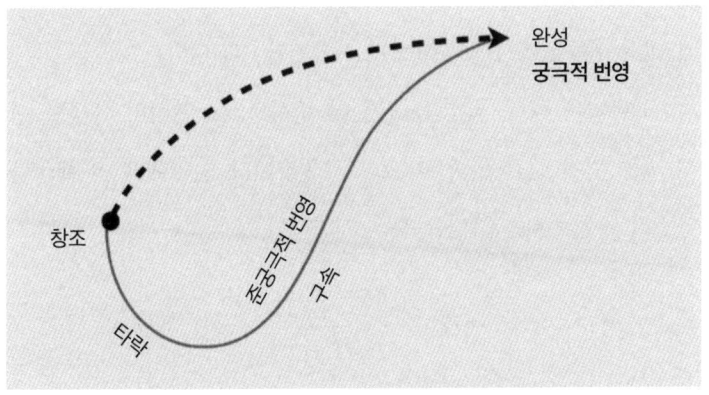

창조된 세계가 타락했습니다. 그리고 하나님이 우리를 구속(속량)하셨습니다. 그런데 우리가 구속되어 회복해서 돌아가야 하는 지점은 창조 때가 아닙니다. 하나님이 창조하셨을 때 본래부터 바라셨던 창조의 목표, 그 완성을 향해서 가는 것입니다.

하나님이 천지를 창조하시고 "보시기에 좋았더라" 하신 그 창조는 '좋은 출발'이지, '완성'이 아니었습니다. 만일 여러분이 어떤 포부를 가지고 학교를 세운다고 합시다. 좋은 부지에 땅을 사서 건물을 짓고, 능력 있는 교수를 초빙하고, 학생을 모집하여 수업을 시작한 첫날, 학교 설립자로서 '참 좋다'라고 할 수 있습니다. 그러나 그것은 좋은 출발일 뿐입니다. 좋은 학교는 이제부터 만들어 가야 합니다. 학생들이 열심히 공부하고, 유익하고 재미있는 활동과 교제가 있고, 졸업생들이 사회로 나가서 사회에 기여하는 것까지가 학교를 만든 원래의 의도(original intention)일 것입니다. 이러한 창조의 목적을 가장 잘 보여 주는 단어가 바로 '샬롬'입니다. 샬롬에 대해서는 뒤에서 구체적으로 이야기할 것입니다.

하나님은 '좋은 세상'을 만들어 주시고, 그 완성인 샬롬을 향해 가는 길에 인간을 파트너로 부르셨습니다. 인간에게 이 세상을 다스리고 돌보라는 사명을 주신 것입니다.

창조의 회복, 상상력을 요구하는 선교

창조의 회복은 본래의 상태로 돌아가는 게 아니라 하나님이 창조 때 품으셨던 본래의 의도를 향해 가는 것이라고 했습니다. 회복은 회귀가 아닙니다. '이스라엘의 회복'은 다윗 시대로의 회귀가 아닙니다. 이 큰 구도 안에서 오늘 우리가 살아가고 있는 역사를 이해할 수 있습니다.

많은 사람들이 교회의 부흥을 꿈꾸며 회복을 말할 때, 그들의 머릿속에는 과거의 어느 시점을 그리고 있습니다. 예컨대 코로나-19로부터의 회복을 말하면서 그 이전의 모습으로 돌아가고 싶어 하는 것입니다. 그러나 코로나 이전에 한국 교회가 별문제가 없었나요? 그때는 정말 돌아가고 싶은, 돌아가야 할 과거입니까? 코로나 시기를 지나면서 많은 교회들이 다양한 어려움에 직면한 것은 사실입니다. 코로나 이전에는 이런저런 사역들을 열심히 하던 곳들이 비대면 시기를 거치며 많이 무너지기도 했습니다. 그렇다고 해서 코로나 이전 상황 그대로 되돌아가는 것이 우리가 꿈꾸어야 할 회복일까요? 그대로 돌아갈 수도 없거니와 바람직하지도 않습니다.

어떤 사람들은 한국 교회가 한창 부흥하던 1980-1990년대로 돌아가고 싶은 마음이 있을 것입니다. 물론 어느 정도는 그 시절의 열정을 회복해야 하는 면이 있습니다. 그러나 지금 한국 교회가 몸살을 앓고 있는 많은 문제 또한 그 시절, 고성장 시절에 뿌려진 씨앗이 자란 결과입니다. 회복을 말하면서, 새로운 미래를 그려 보지 못하고 과거의 어느 시점으로 회귀하고자 하는 것은 우리의 상상력이 부족하기 때문입니다. 사도 바울은 성령의 사역에 대하여 이렇게 말합니다.

기록된바 '하나님이 자기를 사랑하는 자들을 위하여 예비하신 모든 것은 눈으로 보지 못하고 귀로 듣지 못하고 사람의 마음으로 생각하지도 못하였다' 함과 같으니라.(고전 2:9)

성령이 우리에게 임하시면 그전에는 생각지도 못했던 꿈을 꾸게 된다는 말입니다. 사도행전 2장에서 성령이 임하시자 사람들이 '환상'을 보고 '예언'을 했습니다. "성령이 오셨네"라고 노래하는 한 찬송의 가사처럼, 성령은 탄식하는 우리를 찾아오셔서 위로하실 뿐 아니라 하나님의 나라를 새롭게 꿈꾸게 하십니다.

사도행전의 성령 강림은 상상력이 폭발적으로 성장하는 사건입니다. 사도행전은 누구도 꾸지 못한 꿈을 꾼 사람들이 누구도가 보지 못한 길 곧 "땅끝까지" 향해 가는 역사입니다. 이 걸음은 선교적 상상력을 요구합니다. 이스라엘의 역사에서 한 번도 경험하지 못했던 어떤 회복을 이스라엘을 통해서 이루시겠다는 하나님의 뜻입니다. 그 상상력의 출발점이 그리스도의 부활입니다. 그리스도의 부활은 하나님이 창조 시에 품으셨던 원래의 의도를 향해서 앞으로 나아가는, 결정적인 회복이 시작되었다는 표시입니다.

예수님 당시 사람들에게 부족했던 것은 하나님의 새로운 미래를 꿈꾸는 상상력이었습니다. 그들은 과거의 어느 시점을 이상화하거나, 혹은 지상 정치권력의 교체 같은 한정된 목표에 집중했습니다. 그 결과 조급하게 되고 말았습니다.

> 그들이 이 말씀을 듣고 있을 때에 비유를 더하여 말씀하시니 이는 자기가 예루살렘에 가까이 오셨고 그들은 하나님의 나라가 당장에 나타날 줄로 생각함이더라. (눅 19:11)

누가복음에만 나오는 말씀입니다. 마지막 때에 관한 말씀인 마가복음 13장은 "주의하라. 깨어 있으라"라고 하면서 언제 종말이 임할지 모른다는 긴박성을 강조합니다. 그런데 같은 내용을 다루는 누가복음 21장을 읽어 보면, 그 긴박성을 상당히 누그러뜨리고 있음을 알 수 있습니다. 그리고 누가는 누가복음에 이어 사도행전까지 쓰면서 긴 역사적 시각을 강조하고 있는 것입니다. 복음서의 이야기가 끝나고, 언제든 예수님이 재림하실 수 있는 잠깐의 시간을 우리가 살아가는 것이 아닌, 독립적인 중요성을 가진 새로운 시대가 열렸으며 그 시대가 한동안 계속될 것임을 말하고 있습니다.

그 시대를 '교회'의 시대라 할 수 있습니다. 승천한 그리스도께서 하늘에 계시면서, 성령을 보내서 교회를 세우시고, 만물의 회복을 향해 가는 역사를 주관하시는 시대입니다. 이 시대는 오늘 우리에게까지 연결됩니다. 역사적 안목은 우리의 조급증을 치유하고 긴 역사 속에서 오늘 우리의 시대를 바라보는 시각을 열어 줍니다. 이 역사를 제대로 읽었다면 우리는 하늘만 바라보는 시각이 아니라, 이 땅에서 우리의 사명이 향할 곳을 주목하는 삶을 살

수 있습니다. 이런 맥락에서 우리는 사도행전의 열린 결말을 이해할 수 있습니다.

> 바울이 온 이태를 자기 셋집에 머물면서 자기에게 오는 사람을 다 영접하고 하나님의 나라를 전파하며 주 예수 그리스도에 관한 모든 것을 담대하게 거침없이 가르치더라. (행 28:30-31)

여태껏 독자들은 바울의 여정을 따라왔습니다. 소설이나 전기의 독자라면, 당연히 바울의 인생이 어떻게 되었나 궁금할 것입니다. 더구나 바울은 재판 과정에서 황제에게 상소했습니다. 죄수의 몸으로 로마까지 오는 동안 난파 등의 고초를 겪었습니다. 사도행전은 독자의 궁금증을 한껏 올려놓고, 그 결말을 말해 주지 않는 대단히 불친절한 텍스트입니다. 독자를 당황하게 만들 수 있습니다.

이와 같은 당혹감은 사도행전 1장에서 사도들이 예수님을 따라왔는데, 갑자기 예수님이 하늘로 올라가 버리신 사건에 비견할 수 있습니다. 처음 장과 마지막 장이 당혹감을 안겨 주는 내용인 셈입니다. 그러나 사도행전의 내용을 잘 따라온 독자라면 1장과 달리, 28장에서는 당황하지 않을 것입니다. 왜냐하면 이제 자신이 무대에 올라가서 이야기를 이어 가야 한다는 것을 알기 때문입니다. 사도행전의 주인공은 베드로나 바울이 아닙니다. 성령께서 계속 일을 하실 것이지만, '성령행전'이라 말하는 것으로는 부족합니다. 사도들의 뒤를 이어 성령께 쓰임 받을 교회들이 사도행전의 주인공이기 때문입니다. 이제 우리가 우리 시대에 주어진 역할을 감지하고, 즉흥 연기를 해 나가야 합니다. 로잔대회로 모이는 것도, 우리가 오늘 사도행전을 읽는 것도 그 역할을 감당하기 위해서입니다.

부활

2
부활과 새 창조

또 새 영을 너희 속에 두고 새 마음을 너희에게 주되
너희 육신에서 굳은 마음을 제거하고 부드러운 마음을 줄 것이며
또 내 영을 너희 속에 두어 너희로 내 율례를 행하게 하리니
너희가 내 규례를 지켜 행할지라.
(겔 36:26-27)

그리스도인은 역사 속에 이미 동터 온
새로운 세대를 살아갑니다.
새 세대가 이미 시작되었음을 보여 주는 것이
부활의 증언이고 선교입니다.

앞에서 예수님 당시 유대인들은 하나님 나라가 당장 이 땅에 나타날 것이라는 조급한 마음을 품었다고 이야기했습니다. 그러면 그들이 생각했던 하나님 나라는 어떤 것이었을까요? '부활'의 의미를 중심으로 탐구해 보겠습니다.

'의인의 부활'을 기다리던 사람들

예수님 시대, 제2성전기를 살아가던 경건한 유대인들은 대체로 부활을 믿었고, 부활의 날을 기대했습니다. 그들이 기대했던 부활은 처음에는 '의인의 부활'이었습니다. 하나님을 신실하게 믿는 사람들이 핍박받고 죽어 가는 상황에서, 하나님이 그들을 살리셔서 다시 영생을 누리게 하실 것이라는 기대였습니다.

시대가 지나면서 부활에 대한 좀 더 넓은 통찰이 생기게 됩니다. 바로 하나님이 의인도 부활시키고 죄인도 부활시켜서 다 심판받게 하실 것이라는 사상이었습니다. 당시 사람들의 부활 사상을 가장 잘 엿볼 수 있는 신약 구절이 요한복음 11:24입니다.

> 마르다가 이르되 '마지막 날 부활 때에는 다시 살아날 줄을 내가 아나이다.'

이것은 마지막 날의 부활을 믿는 묵시적 사고라 할 수 있습니다. 즉 마지막 날 그때가 되면 전부 다 부활할 것을 믿는다는 것입니다. 그러나 그들은 부활이 '지금' 일어날 일이라고는 기대하지 못했습니다. 이러한 기대가 형성되었던 배경을 구약성경을 통해서 살펴보겠습니다.

에스겔 37장에 마른 뼈가 살아나는 환상이 나옵니다. 에스겔서의 맨 처음 독자들은 이 환상의 의미를 '바빌론 포로로부터의 귀환'으로 이해했습니다. 바빌론 포로로 살아가는 현재 자신들의 비루한 모습과 영적으로 위축된 상태는 죽은 것이나 다름없는 마른 뼈와 같지만, 언젠가 성령이 임하시면 다시 일어나 강한 군사처럼 당당하게, 열방이 보는 가운데 하나님의 영광을 세상에 보이면서 바빌론에서 고국으로 돌아가는 그런 회복을 기대했던 것입니다. 이런 소망이 에스겔 39:27에 잘 나타나 있습니다.

내가 그들을 만민 중에서 돌아오게 하고 적국 중에서 모아 내어 많은 민족이 보는 데에서 그들로 말미암아 나의 거룩함을 나타낼 때라.

이어서 성전이 회복되는 장면이 나옵니다. 에스겔 40-46장에서 예언된 성전은 솔로몬 성전보다 훨씬 크고 웅장하고 아름다웠습니다. 또한 이 성전에서 나오는 물이 강물이 되어, 흐르는 곳마다 모든 생물을 소생시키리라는 비전이 있었습니다(겔 46:9).

시간이 지나 이스라엘 사람들이 바빌론 포로에서 돌아왔습니다. 그런데 문제는, 그렇게 당당한 모습은 아니었다는 것입니다. 그들은 눈치를 보면서, 안전을 염려하면서 돌아왔습니다. 게다가 막상 돌아온 고국 땅은 황폐했습니다. 성전을 다시 짓기로 하고 천신만고 끝에 완공했지만, 예전의 솔로몬 성전에 비하면 너무도 초라했습니다.

고국에 돌아오기는 했지만, 보무당당하고 여호와의 영광을 드러내는 군대의 귀환은 아니었던 현실. 성전을 짓기는 했는데 기대했던 것보다 볼품이 없었던 현실. 이런 현실 가운데 그들은 예레미야와 에스겔 선지자의 예언은 어떻게 된 것인가라는 질문을 할 수밖에 없었습니다. 이 곤혹스러운 질문이 예수님 시대까지 쭉 이어져 온 겁니다. 그래서 이 시기 많은 사람들은 여전히 이스라엘 민족의 회복, 당당한 성전의 회복을 기다리고 있었습니다.

성전의 회복과 이스라엘의 회복

에스겔 36장은 성전의 회복이 성령이 오시는 사건과 함께 일어날 것임을 보여 줍니다.

또 새 영을 너희 속에 두고 새 마음을 너희에게 주되 너희 육신에서 굳은 마음을 제거하고 부드러운 마음을 줄 것이며 또 내 영을 너희 속에 두어 너희로 내 율례를 행하게 하리니 너희가 내 규례를 지켜 행할지라. (겔 36:26-27)

처음에 사람들은 이어서 나오는 에스겔 37장을 은유적으로 읽어서, '죽은 것이나 다름없던, 영적으로 무기력했던 사람들이 힘 있는 용사가 될 것이다'라는 의미로 생각했습니다. 그런데 시간이 지나면서 이것이 은유가 아니고 실제로 육체가 부활한다는 말이라는 해석에 무게가 실리게 되었습니다. 그래서 예수님 당시에는 에스겔 37장이 아주 중요해졌습니다. 의인들이 육체적으로 부활할 때는 하나님이 성령을 주실 때이고, 메시아가 오실 때이며, 그 메시아를 통해 하나님이 다스리실 것이라는 하나님 나라의 복음이 선포되는 때라고 이해하게 된 것입니다. 그때 죄 용서가 일어나서, 이스라엘이 지은 죄를 하나님이 용서하시고 사람들은 회개하고, 하나님의 명령에 순종하는 새로운 백성으로 창조될 것이라는 기대가 함께했습니다. 그리고 이러한 '부활'의 때에 성전도 회복될 것이라는 소망까지 연결되어 있었습니다.

이스라엘의 회복은 "너희가 내게 대하여 제사장 나라가 되며 거룩한 백성이 되리라. 너는 이 말을 이스라엘 자손에게 전할지니라"(출 19:6)라는 말씀, 세상 전체를 축복하는 일에 이스라엘이 쓰임 받는 사명을 다시 회복하는 것이었습니다. 이렇게 해서 이스라엘의 회복은 만물 전체가 회복되는 단초가 됩니다. 이스라엘의 회복은 곧 새로운 창조로 들어가는 것이며 하나님의 나라인 것입니다. 우리가 따로따로 알고 있는 여러 용어들이 당시 유대인들에게는 각자 다른 강조점을 가지고 있었지만, 전체가 하나의 묶음으로 구성되어 있었습니다.

의인의 부활, 성령의 수여, 회개, 죄 용서, 이스라엘의 회복, 성전의 회복, 만물의 회복, 새 창조, 새로운 백성의 창조, 하나님의 나라.

예수님께 '이스라엘 나라의 회복의 때'를 묻던 사도들의 질문의 맥락을 보세요.

그가 고난받으신 후에 또한 그들에게 확실한 많은 증거로 **친히 살아 계심**을 나타내사 사십 일 동안 그들에게 보이시며 **하나님 나라**의 일을 말씀하시니라. 사도와 함께 모이사 그들에게 분부하여 이르시되 '예루살렘을 떠나지 말고 내게서 들은바 **아버지께서 약속하신 것**을 기다리라. 요한은 물로 세례를 베풀었으나 너희는 몇 날이 못 되어 **성령으로 세례를 받으리라**' 하셨느니라. 그들이 모였을 때에 예수께 여쭈어 이르되 '주께서 **이스라엘 나라를 회복**하심이 이때니이까?' 하니.

(행 1:3-6)

이 짧은 구절 안에 부활(친히 살아 계심), 하나님 나라, 아버지의 약속, 성령, 이스라엘의 회복 등 당시 종말론적 기대의 주요 개념들이 집약되어 있습니다. 사도행전의 역사가 진행되면서 회개와 죄 용서, 참 성전의 회복(그리스도인의 공동체) 등이 구체적으로 실현되는 것을 볼 것입니다.

신약성경에는 나름의 기대로 이 회복의 때를 기다린 사람들이 등장합니다. 세례 요한은 "오실 그이가 당신이오니이까? 우리가 다른 이를 기다리오리이까?"라고 질문했습니다. 니고데모는 "우리가 당신은 하나님께로부터 오신 선생인줄 아나이다. 하나님이 함께하시지 아니하시면 당신이 행하시는 이 표적을 아무도 할 수 없음이니이다"라고 고백했습니다. 마르다도 "마지막 날 부활 때는 다시 살아날 줄을…아나이다"라고 기대했습니다.

당시에는 이처럼 "언제입니까?"라고 때를 기다린 사람도 있었지만, 한발 더 나아가서 그때를 어떻게 앞당길 수 있을지 고민하며 적극적으로 나선 사람들도 있었습니다. "모든 이스라엘이 단 하루라도 하나님의 말씀을 철저히 지키면 메시아가 오실 것이다"라고 말한 이도 있었습니다. 이에 대해 특별한 열심이 있었던 대표적인 사람이 그리스도인들을 핍박했던 청년 사울입니다.

이스라엘의 회복을 앞당기려 한 사람들

다소 출신의 청년 사울이 예수님의 제자들을 죽이러 다닌 동기가 무엇일까요? 이 질문에 사도 바울을 이해하는 핵심이 달려 있습니다. 많은 사람들이 바울이 변화한 이유를 이렇게만 생각합니다. "예전에는 율법을 지켜야 천국에 간다고 생각했는데, 이제는 예수님을 믿어야 천국 간다는 것을 알았다." 이것이 전부라면, 변화하기 전 청년 사울이 예수님을 믿는 사람을 죽이러 다닌 이유는 '저 사람들은 천국 가는 방법을 잘못 생각하고 있어. 그래서 죽여야 돼' 하고 생각했다는 말이 됩니다. 충분한 설명이라는 느낌이 들지 않습니다. 이단이어서 죽이러 다닌다? 그렇게만 말할 수 있겠습니까? 지금도 심각한 이단들이 많습니다. 우리가 이단을 경계하고 조심하고 잘못되었다고 가르치기는 하지만, 애써서 없애러 다니지는 않습니다.

사울이 예수님의 제자를 '죽이러' 다닌 이유, 그만큼 강력한 동기를 이해하려면 다른 설명이 필요합니다. 사울은 바리새인 중에서도 극렬한 열심을 가졌던 사람이었습니다. 바리새 운동은 철저하게 율법을 지키는 경건 운동, 도덕 운동이었습니다. 온 이스라엘이 성결한 삶을 살면 하나님이 자신들을 불쌍히 여기셔서 하나님의 통치를 이 땅에 가져오실 것이라고 기대하며, 율법에 따라 성결한 삶을 살기 위해 무척 애쓰던 사람들입니다.

그런데 그들이 아무리 노력해도 하나님의 나라가 도래하지 않는 것입니다. 자신들이 그렇게나 노력하는데, 왜 하나님 나라가 오지 않는 것인지 의문을 가졌겠지요. 그런데 옆에 보니 세리들, 죄인들, 율법 어기기를 밥 먹듯이 하는 사람들이 눈에 띕니다. '그래! 저놈들 때문이야. 우리가 아무리 깨끗하게 살아도, 이스라엘에 저런 놈들이 있으니 안 되는 거야!' 그들을 눈엣가시처럼 여겼을 것입니다.

그러는 가운데 예수라는 사람이 나타나 "하나님 나라가 가까이 왔다"라고 합니다. 처음에는 이 말에 마음이 설레고 기대하는 사람들도 많았습니다. 예수는 병도 고치고, 오병이어의 기적도 일으켰습니다. 드디어 하나님 나라가 회복될 때인가 했는데, 글쎄 이 예수가 세리와 죄인과 어울리고, 안식일 법도 어기고, 손도 안 씻고 밥을 먹는 등 율법을 따르지 않는 것처럼 보입니다. 정결한 삶을 살아야 하나님 나라가 올 터인데, 예수는 불결한 삶을 부추기기만 했습니다. 그래서 그를 죽이자는 목소리에 힘을 실었고, 그가 죽자 마침내 모든 혼란이 해결되었을 것이라 생각했을 것입니다.

그런데 그 이후에 그 사람이 다시 살아났다고 하더니, 그 제자들이 몰려다니면서 같은 짓을, 아니 더 심한 짓을 하기 시작했습니다. 이방인들과 함께 어울리고, 이방인도 하나님 백성이 될 수 있다는 이상한 소리를 퍼뜨리기 시작합니다. 바리새인들은 자신들이 그렇게 간절히 기다리던 이스라엘의 회복을 늦추고 있는 사람들이 바로 이 사람들, 그리스도인들이라고 생각했습니다. 그래서 청년 사울은 하나님 나라의 도래, 이스라엘의 회복인 부활의 그날을 앞당기기 위해서 그리스도인들을 척결하러 나선 것입니다.

부활한 그리스도와의 만남, 바울 신학의 탄생

이 열혈 청년이 다마스쿠스 도상에서 부활하신 예수님을 만납니다. 이스라엘의 회복을 늦춘다고 생각했던 죄인이 부활해서 눈앞에 나타났다는 사실을 그가 어떻게 이해했을까요?

예수님의 부활은 이스라엘 사람들이 기다려 온 '의인의 부활'이 이미 예수님 안에서 일어났음을 증명해 주는 사건이었습니다. 예수님 외에 "의인은…하나도 없[다]"(롬 3:10)는 사실을 받아들인다면, 예수님의 부활은 모든 의인이 부활할 날을 기다려 온 이스라엘의 종말 기대에 딱 맞는 사건이 됩니다. 그들 가운데 성령이 임하셨고, 비겁하기 짝이 없던 갈릴리 사람들이 담대한 군병처럼 두려움 없이 진리의 행진을 하게 되었습니다. 부활하신 예수님이 하나님이 보내신 그리스도라는 사실을 인정하고 나니, 사울 자신이 알던 모든 구약의 예언들과 기대가 퍼즐의 조각처럼 맞추어졌을 것입니다. 여기서 위대한 바울 신학이 탄생합니다.[1]

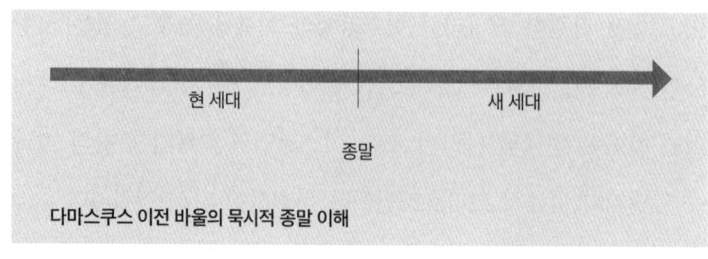

다마스쿠스 이전 바울의 묵시적 종말 이해

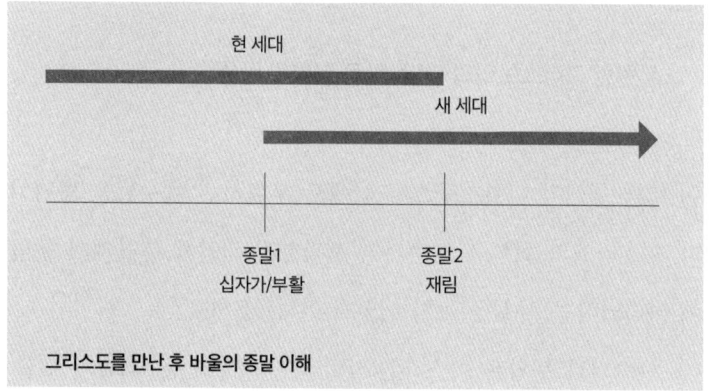

그리스도를 만난 후 바울의 종말 이해

다마스쿠스 도상에서 부활하신 예수님을 만나기 전, 바울은 현 세대가 끝나고 새로운 세대가 시작되는 종말을 기대했습니다. 여기서의 종말은 모든 게 끝나는 것이 아니라, 새로운 세대가 시작된다는 의미입니다. 그런데 그리스도를 만난 이후, 그는 그리스도의 십자가와 부활로 인해서 새 세대가 이미 시작되었다는 것을 알았습니다. 그러나 아직 현 세대가 끝나지는 않았습니다. 그래서 지금 우리가 살아가는 이 시대는 두 세대가 맞물린 때입니다. 성경이 말하는 영생이란 단순히 영원히 산다는 말이 아닙니다. 지금의 이 세대가 아닌 '새로운 세대에 속한 삶'이라는 말입니다. 사도 베드로도 "이 패역한 세대에서 구원을 받으라"(행 2:40)라고 했습니다.

종말에 대한 이러한 이해가 바울 신학의 요체입니다. "너희는 이 세대를 본받지 말고 오직 마음을 새롭게 함으로 변화를 받아 하나님의 선하시고 기뻐하시고 온전하신 뜻이 무엇인지 분별하도록 하라"(롬 12:2)라는 바울의 말은 우리가 이 중간에 살고 있기 때문에 그리스도인들이라 하더라도 이 세대 즉 현 세대를 본받아 살아갈 수 있는 가능성이 있다는 뜻입니다. 그렇지만 '그리스도인의 삶'이란 역사 속에서 이미 동터 온 새로운 세대를 본받아 살아가는 것이 되어야 합니다. 새 세대가 이미 시작되었음을 증언하는 것이 바로 부활의 증언이고 선교입니다.

새 창조와 구원의 관계

고린도후서 5:17 상반절은 "누구든지 그리스도 안에 있으면 새로운 피조물이라"라고 합니다. 예전 성경인 KJV는 이렇게 번역했습니다.

> Therefore if any man *be* in Christ, *he is* a new creature.

"he is"를 이탤릭체로 해 놓은 것은, 원문에는 이 표현이 없지만 영어로 말이 되게 하기 위해서 임의로 삽입했다는 표시입니다. 미국 성서공회의 표준번역인 NRSV는 한 개인을 뜻하는 'he'가 아니라 'creation'이라는 단어를 택하여, 이 부분을 "there is a new creation"이라고 옮겼습니다. NIV는 한동안 KJV와 비슷한 번역을 고수했습니다. 그러다 2011년 개정판에서 NRSV와 유사하게 "the new creation has come"이라고 바꾸었습니다. 영어 성경의 양대 산맥이 합의를 본 셈이니, 신학적 논쟁은 거의 정리되었다고 보아도 좋습니다.

누구든지 그리스도 안에 있으면 '그가' 새로운 피조물이 되는 것은 맞습니다. 그러나 이 구절은 한 개인보다 훨씬 더 큰 현실의 변화를 말하고 있습니다. 헬라어 원문의 '크티시스'(κτισις)는 'creature'(피조물)가 아니고 'creation' 즉 피조세계 전체를 말하는 단어입니다. 그러니까 누구든지 그리스도 안에 있으면 그는 새로운 세계를 살아가게 된다, 그에게는 온 우주 만물이 이미 새롭게 되었다는 말입니다. 이것은 엄청난 차이입니다.

물론 우리가 새롭게 되었습니다. 그러나 그것은 전부가 아니라 복음의 일부일 뿐입니다. "이전 것은 지나갔으니 보라, 새것이 되었도다"라는 말은 내가 새사람이 되었다는 말이라기보다 온 우주 만물과 그 의미, 직장인이 직장을 다니고 학생들이 학교를 다니고 사람들이 살아가는 모든 삶의 의미가 완전히 바뀌어서 새로운 세계를 살아가게 되었다는 의미입니다. 바로 앞 절인 16절은 이렇게 말합니다.

그러므로 우리가 이제부터는 어떤 사람도 육신을 따라 알지 아니하노라. 비록 우리가 그리스도도 육신을 따라 알았으나 이제부터는 그같이 알지 아니하노라.

그리스도를 보는 시각이 바뀜에 따라 모든 사람을 보는 시각이 함께 바뀐다는 말입니다. 그리스도를 통해 하나님과의 관계가 새롭게 된 사람은 모든 사람과의 관계가 바뀝니다.

이것이 새 창조의 역사입니다. 고린도후서 4:6은 "어두운 데에 빛이 비치라 말씀하셨던 그 하나님께서 예수 그리스도의 얼굴에 있는 하나님의 영광을 아는 빛을 우리 마음에 비추셨느니라"라고 말합니다. 바울은 한 사람이 그리스도를 알게 되는 사건은 곧 새 창조의 사건, 창세기 1장의 창조 사건과 같은 중요한 사건이라고 말합니다. 이 구절에서 그는 자신이 다마스쿠스에서 빛을 본 경험을 강하게 상기하고 있는 것 같습니다.

우리가 새로운 사람이 되었다는 말은 구원의 중요한 핵심이지만, 전부는 아닙니다. 우리 자신이 새로운 사람이 된 것을 넘어, 이제 그리스도 안에서 새로운 세계를 살아가게 되었다는 말이기 때문입니다. 신약학자 N. T. 라이트(Wright)가 이런 말을 했습니다.

'구원'의 온전한 의미는 (1) 단지 '영혼'이 아니라 인간 존재 전체에 대한 것이며, (2) 미래에 대한 것만이 아니라 현재에 대한 것이며, (3) 하나님이 우리 **안에서** 그리고 우리를 **위해서** 하실 뿐 아니라 우리를 **통해서** 하시는 일에 대한 것이다.²

구원의 사역은 온전한 의미에서 영혼만이 아니라 인간 전체에 관한 것이고, 미래만이 아니라 현재에 관한 것이며, 하나님이 우리 안에서 우리를 위해서 무엇을 하셨는가만이 아니라 하나님이 우리를 통해서 무엇을 하기 원하시는가도 포함됩니다. 앞서 성경 전체의 이야기를 '창조-타락-이스라엘-예수-교회'의 5막으로 볼 수 있다고 했습니다. 이것이 전체 구원의 역사인데, 맨 마지막은 교회입니다. 교회의 시기는 대본 중에서 비어 있는 부분, 우리의 참여를 요하는 부분이지요.

우리의 참여가 왜 중요할까요? 하나님이 본래 아브라함을 부르신 목적은 "너로 말미암아"(through you) 세계 만민이 복을 받으리라는 약속이었습니다(창 12:1-2). 즉 하나님이 '우리를 위해서'(for us) 하신 구원에 더하여, '우리를 통해서'(through us) 무엇을 하시기 원하시는가를 구원의 개념에 포함시켜야 합니다. 예수님 당시에 유대인들은 하나님이 '우리를 위해서' 하신 일을 기억하고, 하실 일을 기대하는 열심이 대단했습니다. 그러나 그들은 '우리를 통해서'라고 하는 사명의 본령을 놓쳤습니다.

오늘날 우리도 마찬가지입니다. '그리스도가 나를 위해서 죽으셨다'에서 끝나면 안 되고, '그래서 우리가 어떻게 살기를 원하시는가'를 생각하는 자리까지 나아가야 합니다. 새 창조라는 큰 그림 안에 개인의 구원을 위치시켜야 하는 것입니다. 제3차 로잔대회에서 발표된 케이프타운 서약에서도 우리의 구원과 새 창조와의 관계를 분명히 하고 있습니다.

우리는 복음이 들려주는 이야기를 사랑한다. 복음은 나사렛 예수의 삶과 죽음, 그리고 부활이라는 역사적 사건을 좋은 소식으로 선포한다. 예수님은 다윗의 자손이요 약속된 메시아이자 왕이시므로, 하나님은 오직 예수님을 통해서만 자신의 나라를 세우시고 이 세상의 구원을 위해 행동하셨으며 그 결과 아브라함에게 약속하신 것처럼 온 땅의 모든 나라들이 복을 받을 수 있게 되었다. 바울은 "성경대로 그리스도께서 우리 죄를 위하여 죽으시고, 장사 지낸 바 되셨다가, 성경대로 사흘 만에 다시 살아나사 게바에게 보이시고 후에 열두 제자에게 나타나셨다"라는 진술로 복음을 정의한다. 복음은 하나님이 그리스도의 십자가 위에서 아들의 모습으로 우리를 대신하여 우리의 죄로 인한 심판을 몸소 짊어지셨다고 선포한다. 부활을 통해 완성되고, 입증되고, 선포된 이 위대한 구원의 역사 가운데서, 하나님은 사탄과 죽음과 모든 악의 권세에 대한 결정적인 승리를 이루셨으며, 우리를 사탄의 권세와 두려움에서 해방시키셨고, 이들의 궁극적 파멸을 확증하셨다. 하나님은 모든 장벽과 대립을 넘어 하나님과 믿는 자들 간의 화해와 사람들 간의 화해를 이루셨다. 또한 하나님은 모든 피조물의 궁극적인 화해를 이루셨고, 예수님의 육체적 부활 가운데 새 창조의 첫 열매를 우리에게 주셨다. "하나님께서 그리스도 안에 계시사 세상을 자기와 화목하게 하셨다." (케이프타운 신앙고백 I.8.B)[3]

복음에는 그리스도가 우리 죄를 위하여 죽으셨다는 개인적인 회심의 요구가 핵심으로 자리하고 있습니다. 그와 함께 우리는 온 우주를 향한 하나님의 회복 계획이라는 복음의 총체성도 놓치지 말아야 합니다.

회심, 새 창조의 사건

학자들 사이에서는 사도행전에서 보도하는 청년 사울의 다마스쿠스 도상 경험을 '회심'(conversion)으로 보느냐 아니면 '소명'(calling)으로 보느냐를 두고 의견이 나뉩니다. 바울이 자신의 경험을 하나님이 예레미야를 부르신 것처럼 소명으로 이해한 면이 있습니다(갈 1:15-16). 그러나 그는 이 경험을 하나님이 자신에게 빛을 비추어 그리스도를 알게 하신 새 창조의 사건으로 이해하기도 했습니다(고후 4:6).

사도행전과 바울 서신을 같이 읽으면서 이 지점에 대해 살펴보겠습니다. 먼저 사도행전 2:36-38에서 베드로는 이렇게 회개를 촉구합니다.

'그런즉 이스라엘 온 집은 확실히 알지니 너희가 십자가에 못 박은 이 예수를 하나님이 주와 그리스도가 되게 하셨느니라' 하니라. 그들이 이 말을 듣고 마음에 찔려 베드로와 다른 사도들에게 물어 이르되 '형제들아 우리가 어찌할꼬?' 하거늘 베드로가 이르되 '너희가 회개하여 각각 예수 그리스도의 이름으로 세례를 받고 죄 사함을 받으라. 그리하면 성령의 선물을 받으리니.'

마음에 찔려 회개하여 죄 사함을 받고 성령의 선물을 받는 것이 회심입니다. 사도 바울의 경험이 회심이 아니라고 보는 입장은, 사도 바울이 그 이전에도 죄의 문제를 잘 해결하고 있는 유대교 시스템 안에 있었다고 주장합니다. 그러나 사도행전 본문에서 보듯이, 베드로의 회개 촉구는 예루살렘의 모든 유대인을 향해 있습니다. 그들은 죄인이었고, 회개가 필요했습니다.

베드로는 그들이 본질적으로 죄인이었다는 사실을 길게 논증하지 않습니다. 예수님을 십자가에 못 박았다는 사실 하나만으로 그들의 죄인 됨은 명백해졌습니다. 그리스도의 십자가는 모든 사람을 구원하는 하나님의 방법이기 이전에 모든 사람이 흉악한 죄인임을 드러내는 사건이기도 합니다. 죄 없으신 예수님을 십자가에 못 박는 편에 섰기 때문입니다. 십자가는 세상의 모든 악이 모이는 자리이고, 세상 모든 사람이 하나님 앞에서 어떤 위치에 있는지가 판별되는 자리입니다. 적극적으로 예수님의 사람들을 핍박한 청년 사울에게 그러한 회개, 즉 회심이 요구되지 않았다고 보는 것은 무리입니다.

그 이전에 사도 바울이 어떤 종교생활을 했는지와는 별개로, 그가 그리스도인들을 핍박하는 일에 참여했기 때문에 피할 길 없는 죄인인 것입니다. 바울 자신도 이를 알고 있었습니다. 그가 "죄인 중에 내가 괴수[다]!"(딤전 1:15)라고 말한 것은 듣기 좋은 겸손의 표현이 아닙니다. 이 말에는 심각한 자기 고백이 담겨 있습니다. 바울이 그리스도인들을 핍박하는 일에 앞장섰기 때문입니다(딤전 1:13). 예수님은 이 핍박을 자신에 대한 박해로 여기셨습니다(행 9:5). 바울은 움직일 수 없는 죄인이었습니다.

그런데 사도행전 2:38 말씀에 보면 "너희가 회개하여 각각 예수 그리스도의 이름으로 세례를 받고 죄 사함을 받으라"라고 합니다. "각각"이란 말은 무슨 뜻입니까? '나는 이스라엘 백성이니까 하나님이 이스라엘을 회복시키실 때 이스라엘에 속한 나는 당연히 구원받을 거야' 이런 생각이 틀렸다는 것입니다. 앞에서 니고데모 이야기를 하면서 '개인주의적 분리'라는 말을 했습니다. 이스라엘 백성이라 하더라도 그들 각자가 회개해야 했습니다. 그리고 성령을 선물로 받아야 합니다. 이는 강력한 회심 체험을 가리킵니다. 그러니 베드로가 외쳤던 이 회개의 촉구는 바로 청년 사울이 들어야 했던 말씀이었습니다.

사도 바울의 다마스쿠스 도상 경험은 개인 회심의 중요성을 보여 줍니다. 그러하기에 이 경험을 무엇이라고 해석해야 하는지 앞에서 제기한 논쟁에 대해 답하자면, 바울의 다마스쿠스 경험은 소명이면서 회심일 수밖에 없습니다. 바울도 고린도후서 5:9-10에서 이야기합니다.

> 그런즉 우리는 몸으로 있든지 떠나든지 주를 기쁘시게 하는 자가 되기를 힘쓰노라. 이는 우리가 다 반드시 그리스도의 심판대 앞에 나타나게 되어 **각각** 선악 간에 그 몸으로 행한 것을 따라 받으려 함이라.

여기서도 "각각"이라는 표현이 나옵니다. 각각 선악 간에 심판받으므로, 이스라엘 백성이라고 당연히 하나님 나라 안으로 들어가는 것이 아니라는 말입니다. 우리는 이 대목에서 세례의 중요성을 상기해야 합니다.

> 무릇 그리스도 예수와 합하여 세례를 받은 우리는 그의 죽으심과 합하여 세례를 받은 줄을 알지 못하느냐? (롬 6:3)

"그리스도 예수와 합하여 세례를 받은"은 영어로는 'baptized into Christ'라는 재미있는 표현입니다. 세례를 받으면서 그리스도 안으로 들어간다는 말이지요. 구원은 하나님의 백성이 되는 것입니다. 이전에는 '이스라엘 안으로' 들어가는 것이 구원이었는데, 이제는 '그리스도 안으로' 들어가는 것이 구원입니다. 그리스도 안에 들어가는 것이 하나님의 백성이 되는 길입니다. 회개는 새로운 세계로 들어가는 것입니다. 곧 '새 창조의 세계'입니다.

하나님이 이스라엘을 통해서 이루고자 하셨던 일을 그리스도가 이루셨습니다. 이제 그리스도께 속해 있으면 참 하나님 백성이 되는 것입니다. 그런 의미에서, 진정한 이스라엘의 회복이 그리스도 안에서 이루어졌습니다. 이스라엘이라는 민족 집단이 "각각"을 심판하시고 회개를 요구하시는 하나님 앞에서 분리를 경험합니다. 그 회개와 죄 용서를 통해서 새로운 하나님 백성의 일원이 되는 것입니다. 복음은 한 사람이 하나님의 사람이 되는 개인적 사건을 중심으로 하지만, 동시에 하나님 백성의 일원이 되는 공동체적 사건이기도 한 것입니다.

사도 베드로는 그리스도 사건을 설명하면서 "이 예수는 너희 건축자들의 버린 돌로서 집 모퉁이의 머릿돌이 되었느니라"(행 4:11)라고 합니다. 죄 없으신 예수님을 극형에 처한 세상의 판단이 전적으로 잘못되었다는 하나님의 선언이 부활입니다. "너희가 십자가에 못 박은 이 예수를 하나님이 주와 그리스도가 되게 하셨느니라"(행 2:36)는 기독교 역사상 첫 설교의 결론이었습니다.

바울은 이전에는 그리스도도 육체대로 알았지만, 그리스도를 제대로 알고 나서는 모든 사람을 보는 자신의 시각이 바뀌었다고 했습니다(고후 5:17-18). 예수님을 만나고 나서 인간과 세상을 보는 시각 전체가 새롭게 재구성되었다는 말입니다. 신약에서 회개를 '메타노이아'(μετάνοια)라고 합니다. 생각이 근본적으로 바뀌었다는 말입니다. 사도행전에서는 베드로의 설교를 들은 이들이 "마음에 찔려" "회개"하고 세례를 받았습니다. 그 결과 이런 공동체가 탄생했습니다.

> 사람마다 두려워하는데 사도들로 말미암아 기사와 표적이 많이 나타나니 믿는 사람이 다 함께 있어 모든 물건을 서로 통용하고 또 재산과 소유를 팔아 각 사람의 필요를 따라 나눠 주며 날마다 마음을 같이하여 성전에 모이기를 힘쓰고 집에서 떡을 떼며 기쁨과 순전한 마음으로 음식을 먹고 하나님을 찬미하며 또 온 백성에게 칭송을 받으니 주께서 구원받는 사람을 날마다 더하게 하시니라. (행 2:43-47)

이는 곧 새 창조의 복음을 현실에서 살아 내는 공동체입니다. 다음 장에서는 이 복음의 의미에 대해 살펴보겠습니다.

복음

3
오늘, 예수님의 이야기

하나님의 아들 예수 그리스도의 복음의 시작이라.
(막 1:1)

복음은 '예수님이 이런 분입니다'라고
알려 주는 것입니다.
그러나 과거의 이야기로 끝나지 않고
오늘에까지 이어지는 큰 이야기입니다.

처음 복음의 이야기

마가복음 1장에는 "복음"이라는 단어가 두 맥락에서 나옵니다.

> 하나님의 아들 예수 그리스도의 복음의 시작이라. (막 1:1)

> 요한이 잡힌 후 예수께서 갈릴리에 오셔서 하나님의 복음을 전파하여 이르시되 '때가 찼고 하나님의 나라가 가까이 왔으니 회개하고 복음을 믿으라' 하시더라. (막 1:14-15)

1절은 마가복음의 첫 문장으로, 책의 제목과도 같은 역할을 합니다. 마가는 주후 70년을 전후해서 복음서를 기록했습니다. 1절의 "복음"은 마가복음 전체, 그리스도의 십자가 죽음과 부활에서 절정에 이르는 '예수님의 이야기'입니다. 14-15절의 "복음"은 주후 20년대 후반에 예수님이 갈릴리 해변에서 전파하신 복음, 곧 '예수님이 전한 이야기'입니다.

이 둘은 같은 복음일까요, 다른 복음일까요? 이 질문은 신학자들 사이에서 굉장히 중요한 주제입니다. 19세기 자유주의 신학이 파고드는 틈이 이 부분이기도 합니다. 자유주의 신학은 예수님이 본래 전하셨던 복음은 예수님의 지상 사역에서 볼 수 있었던 하나님 나라의 복음이었는데, 예수님이 돌아가시고 난 후 제자들이 그리스도 이야기 자체를 복음으로 만들었다고 봅니다. 그러나 예수님 스스로가 자신의 대속적 죽음을 세상에 온 이유의 핵심이라 말씀했습니다.

> 인자가 온 것은 섬김을 받으려 함이 아니라 도리어 섬기려 하고 자기 목숨을 많은 사람의 대속물로 주려 함이니라. (막 10:45)

우리가 성경 여러 곳을 통해 '처음 복음'의 이야기를 살펴보면, 그 형태가 일관되게 유지되고 있음을 발견할 수 있습니다. 예컨대 마가복음보다 훨씬 먼저 쓰인 고린도전서에서는 이렇게 복음을 제시합니다.

> 형제들아, 내가 너희에게 전한 복음을 너희에게 알게 하노니 이는 너희가 받은 것이요 또 그 가운데 선 것이라. 너희가 만일 내가 전한 그 말을 굳게 지키고 헛되이 믿지 아니하였으면 그로 말미암아 구원을 받으리라. 내가 받은 것을 먼저 너희에게 전하였노니 이는 성경대로 그리스도께서 우리 죄를 위하여 죽으시고 장사 지낸 바 되셨다가 성경대로 사흘 만에 다시 살아나사 게바에게 보이시고 후에 열두 제자에게와 그 후에 오백여 형제에게 일시에 보이셨나니 그중에 지금까지 대다수는 살아 있고 어떤 사람은 잠들었으며 그 후에 야고보에게

보이셨으며 그 후에 모든 사도에게와 맨 나중에 만삭되지 못하여 난 자 같은 내게도 보이셨느니라. (고전 15:1-8)

이 말씀에서 복음은 네 개의 동사로 구성되어 있습니다. "죽으시고"(3절), "장사 지낸 바 되셨다가"(4절), "다시 살아나사"(4절), 제자들에게 "보이셨[다]"(5-8절). 그리고 이 모든 일은 "성경대로"(4절) 이루어진 것, 즉 구약성경에서 이미 예언된 일의 성취입니다. 누가복음 1:1의 "우리 중에 이루어진 사실에 대하여"라는 말과 같은 의미입니다.

그러면 예수님은 왜 죽으시고, 장사 지낸 바 되셨다가, 다시 살아나셔서 제자들에게 보이셨을까요? 그분이 죽으시고 부활하신 이유와 목적이 무엇입니까? "우리 죄를 위하여"입니다. 이것이 복음의 핵심입니다. 이런 측면에서 사도신경은 우리에게 소중한 신앙고백이지만, 한 가지 아쉬운 대목이 있습니다. "본디오 빌라도에게 고난을 받으사 십자가에 못 박혀 죽으시고"라는 부분인데요. 빌라도에게 고난받고 죽으셨다는 내용은 나오지만, 왜 죽으셨는지에 대한 내용은 없기 때문입니다. 니케아 신경에는 "우리 인간을 위하여, 우리의 구원을 위하여"라는 어구가 나옵니다. 우리 죄를 위해 예수님이 죽으시고 부활하셨다는 것, 이것이 복음의 가장 간결한 핵심입니다.

또한 사도행전 1:21-22에는 가룟 유다를 대체할 사도를 선출

할 때 제시했던 기준이 나옵니다.

'이러하므로 요한의 세례로부터 우리 가운데서 올려져 가신 날까지 주 예수께서 우리 가운데 출입하실 때에 항상 우리와 함께 다니던 사람 중에 하나를 세워 우리와 더불어 예수께서 부활하심을 증언할 사람이 되게 하여야 하리라' 하거늘.

예수님의 부활을 증거할 수 있는 이의 자격은 "요한의 세례"부터 예수님의 "부활" 그리고 '승천'까지 목격한 사람이어야 한다는 규정입니다. 이것이 첫 복음이었습니다. 또한 사도행전 10장에는 베드로가 고넬료의 집에 가서 전한 "복음"이 나옵니다.

만유의 주 되신 예수 그리스도로 말미암아 화평의 복음을 전하사 이스라엘 자손들에게 보내신 말씀 곧 요한이 그 세례를 반포한 후에 갈릴리에서 시작하여 온 유대에 두루 전파된 그것을 너희도 알거니와 하나님이 나사렛 예수에게 성령과 능력을 기름 붓듯 하셨으매 그가 두루 다니시며 선한 일을 행하시고 마귀에게 눌린 모든 사람을 고치셨으니 이는 하나님이 함께하셨음이라. 우리는 유대인의 땅과 예루살렘에서 그가 행하신 모든 일에 증인이라. 그를 그들이 나무에 달아 죽였으나 하나님이 사흘 만에 다시 살리사 나타내시되 모든 백성에게 하신 것이 아니요 오직 미리 택하신 증인 곧 죽은 자 가운데서 부활하

신 후 그를 모시고 음식을 먹은 우리에게 하신 것이라. (행 10:36-41)

여기서 전한 복음 역시 "요한이 그 세례를 반포한 후에"(37절)로 시작해서, '십자가'(39절), '부활'(40절), '제자들에게 보이셨다'(41절)라는 말이 이어서 나옵니다. 앞서 고린도전서 15장에서 말해진 복음, 그리고 사도행전 1장의 사도 선출 때 선포된 복음의 기준과 동일합니다. 이 설교는 5분 이내로 읽을 수 있을 정도로 간략하게 소개되지만, 실제로 전해질 때는 훨씬 길고 상세했을 것입니다. 따라서 사도행전에 실린 내용은 전문이 아니라 요약본입니다.

초대교회 전승에 의하면, 마가는 베드로가 여러 나라를 다니며 전도할 때 따라다니면서 통역을 담당했습니다. 아마도 그는 베드로가 전했던 복음의 단어와 문장을 외우다시피 했을 겁니다. 그러면서 썼던 책이 마가복음으로 추정됩니다. 사도행전 10장에서 베드로가 한 이 설교를 확장해 보면 마가복음의 내용과 거의 일치합니다. 마가복음에는 예수님 탄생의 이야기가 나오지 않습니다. 마태나 누가는 어떤 점에서 그 이야기가 필요하다고 판단했겠지만, 마가는 처음 복음서를 쓸 때 그것이 복음의 필수 요소는 아니라는 기준이 있었던 것입니다. 그래서 마가복음에서는 독특하게 세례 요한이 전파하는 내용이 복음의 시작으로 등장합니다.

정리하면, 고린도전서 15:3-8, 사도행전 1장의 맛디아 선출 시 기준, 사도행전 10장에 나오는 베드로의 설교, 그리고 마가복음까지 복음의 핵심적인 내용과 범위는 일관되게 유지되고 있음을 알 수 있습니다.

오래전 이스라엘에서 오늘 우리에게까지

사도행전 7장에 스데반의 설교가 나옵니다. 여기서는 조금 더 폭이 넓어져서 아브라함의 이야기와 다윗의 이야기가 등장합니다. 이스라엘 이야기가 예수님 이야기 앞에 붙어 있습니다. 사도행전 13장에 보면 비시디아 안디옥 회당에서 바울이 긴 설교를 하는데, 여기서도 이스라엘 이야기가 나옵니다. 예수님의 이야기가 핵심인데 그 앞에 이스라엘의 이야기가 등장하는 것입니다.

이는 "우리 중에 이루어진 사실", 즉 구약성경에서 예언했던 구약 전체의 역사가 이끌어 온 결과로 예수님 사건이 있었다는 것을 보여 줍니다. 정리하면 복음은 이야기이며 그 핵심은 예수님입니다. 최소한의 기준은 세례 요한 때부터 예수님이 부활하시고 승천하시기까지입니다. 그러나 실제로 복음을 제대로 전하려면 구약의 예언이 포함되어야 하는 것이 사실입니다.

복음이란 무엇입니까? 예수님의 이야기입니다. 곧 예수님의 십자가와 부활, 특히 그분이 "우리 죄를 위하여" 죽으셨다는 선포입니다. 이것이 빠지면 복음이라 할 수 없습니다. 그런데 그 예수님의 이야기는 불가피하게 구약의 이야기와 연결되어 있습니다. 처음부터 복음의 이야기에는 "성경대로"(고전 15:3)라는 수식어가 붙어 있었습니다.

복음에 성경 전체의 이야기, 특별히 이스라엘의 이야기가 포함되어 있다는 것은 구약의 내러티브 신학의 전통을 이어 가는 모습을 보여 줍니다. 사도행전 7장 스데반의 설교와, 13장 바울의 설교에 이스라엘 이야기가 등장하는 것은 사도행전에서 처음 시작된 것이 아닙니다. 느헤미야 9장에 보면, 느헤미야가 이스라엘 백성들에게 회개를 촉구하면서 창세기의 아브라함 이야기부터 스토리를 이어 가고 있습니다. 그리고 마지막에는 오늘 이 자리에서 말씀을 듣는 이들 앞에까지 그 이야기가 도달합니다. 그러면서 청중에게 도전합니다. 도전을 받아들인 이들은 '회개'하고, 성경 이야기의 무대 위에 올라가서 즉흥 연기를 하게 됩니다.

누가가 누가복음을 먼저 쓰고 사도행전을 썼다는 것에 어떤 의미가 있을까요? "우리 중에 이루어진 사실"이 예수님에게서 끝나는 게 아니라 오늘 우리가 하나님 안에서 교회의 이야기를 써 나가는 것도 크게는 복음 이야기의 일부, 혹은 연장으로 볼 수 있다는 것입니다. 복음의 이야기는 '예수님이 이런 분입니다'를 알려 준 뒤, 오래전 어느 한 시점의 이야기로 끝나지 않고 계속해서 오늘의 이야기로 이어지고 있습니다. 고린도전서 15장에서 바울이 말한 "복음"의 이야기에 예수님이 "내게도 보이셨[다]"라는 말까지 연결되어 있는 것에 유념해야 합니다. 바울은 예수님이 자신에게 보이신 사건까지 복음의 개념에 이어서 쓰고 있습니다.

누가가 처음 붓을 들어 썼던 "우리 중에 이루어진 사실에 관하여"라고 하는 이 말이 단순히 예수님의 이야기가 끝났음을 의미하지 않는다는 것을 사도행전이 보여 줍니다. 누가는 누가복음에서 예수님의 이야기를 쓰고, 이어서 속편으로 계속해서 사도들의 이야기를 써 나갔습니다. 다음 도표를 보면, 예수님이 하신 일들이 사도들의 사역에서 마치 판박이처럼 되풀이되는 것이 잘 드러납니다.

누가복음	사도행전
데오빌로에 대한 서문(1:1-4).	데오빌로에 대한 서문(1:1-5).
예수님이 기도하실 때 성령이 그분께 내려오신다(3:21-22).	사도들이 기도할 때 성령이 그들에게 오신다(2:1-13).
예수님의 나사렛 취임 설교는 예언이 이루어졌다고 선언한다(4:16-27).	베드로의 첫 설교는 예언이 이루어졌다고 선언한다(2:14-40).
예수님이 중풍병자를 고치신다(5:17-26).	베드로가 못 걷는 자를 고친다(3:1-10).
유대의 종교지도자들이 예수님을 공격한다(5:29-6:11).	유대의 종교지도자들이 사도들을 공격한다(4:1-8:3).
백부장이 예수님을 집으로 초대한다(7:1-10).	백부장이 베드로를 집으로 초대한다(10:1-23).
예수님이 과부의 아들을 소생시키신다(7:11-17).	베드로가 과부를 소생시킨다(9:36-43).

이방인에 대한 선교 여행(10:1-12).	이방인에 대한 선교 여행(13:1-19:20).
예수님이 예루살렘으로 여행하신다(9:51-19:28).	바울이 예루살렘으로 여행한다(19:21-21:17).
사람들이 예수님을 반갑게 맞이한다(19:37).	형제들이 바울을 반갑게 맞이한다(21:17-20).
예수님이 성전에 신실함을 보이신다(19:45-48).	바울이 성전에 신실함을 보인다(21:26).
사두개인들은 예수님을 반대하지만, 서기관들은 그분을 지지한다(20:27-39).	사두개인들은 바울을 반대하지만, 바리새인들은 그를 지지한다(23:6-9).
예수님이 떡을 들어 축사(감사)하신다(22:19).	바울이 떡을 들어 축사한다(27:35).
예수님이 성난 무리들에게 잡히신다(22:54).	바울이 성난 무리들에게 잡힌다(21:30).
예수님이 대제사장의 측근들에 의해 매를 맞으신다(22:63-64).	바울이 대제사장의 명령으로 가까이 있는 사람들에게 매를 맞는다(23:2).
예수님이 네 번 심문당하시고 세 번 무죄 선언을 받으신다(22:66-23:13).	바울이 네 번 심문당하고 세 번 무죄 선언을 받는다(23:1-26:32).
예수님이 유대인들에 의해 거절당하신다(23:18).	바울이 유대인들에 의해 거절당한다(21:36).
예수님이 백부장의 호의를 받으신다(23:47).	바울이 백부장의 호의를 받는다(27:43).
성경이 이루어졌다는 마지막 확언(24:45-47).	성경이 이루어졌다는 마지막 확언(28:23-28).

오늘 우리에게서 또 다음 세대로

누가복음 4:18-21에는 예수님이 이사야서를 인용하여 자신의 사명을 선포하시는 장면이 나옵니다.

'주의 성령이 내게 임하셨으니 이는 가난한 자에게 복음을 전하게 하시려고 내게 기름을 부으시고 나를 보내사 포로 된 자에게 자유를, 눈먼 자에게 다시 보게 함을 전파하며 눌린 자를 자유롭게 하고 주의 은혜의 해를 전파하게 하려 하심이라' 하였더라. 책을 덮어 그 맡은 자에게 주시고 앉으시니 회당에 있는 자들이 다 주목하여 보더라. 이에 예수께서 그들에게 말씀하시되 '이 글이 오늘 너희 귀에 응하였느니라' 하시니.

이 짧은 구절에도 복음의 세 가지 차원이 나옵니다. 먼저, 예수님이 이 땅에 가져오실 해방이 중심이라는 점입니다. 둘째로, 이사야의 예언이라고 하는 "성경대로"의 차원입니다. 셋째로, "오늘 너희 귀에 응하였느니라"라는 말씀입니다.

우리는 이 가운데 세 번째에 주목할 필요가 있습니다. 주후 27년경 나사렛의 한 회당에서 예수님을 바라보며 이 말을 듣던 사람에게 이 말씀은 그것이 "오늘 너희 귀에 응[한]" 이유가 다름 아닌 예수님 때문이라고 이해되었을 것입니다. 그런데 주후 70-80년경, 누가복음이 기록되고 교회 예배에서 낭독될 때 그 말씀을 듣던 이들은 이를 어떻게 받아들였을까요? "오늘 너희 귀에 응하였느니라"라는 말씀은 과거 40-50년 전에 예수님의 이야기로 종

결된 성취에 불과한 것이 아니라, 오늘 예수님의 이름으로 모인 이 공동체 안에 이루어지는 이야기라고 들었을 것입니다. 그리스도의 생생한 임재 가운데 예배하는 공동체라면 그렇게 믿었을 것입니다.

구약의 모든 예언과 하나님의 약속들이 '역사적 예수' 시대에 끝난 게 아니라 오늘 예수님의 이야기가 전해지는 삶의 현장과 공동체에, 선교의 현장에서 이루어지고 있다는 자의식, 바로 이것이 초대교회가 갖는 강력한 힘이었습니다. 우리가 하나님 구원의 역사에서 결정적으로 중요한 때에 부르심을 받아 그 구원의 현실을 살아 내는 공동체를 이루고 있다는 거룩한 자부심, 바로 거기서 흘러나오는 강력한 사명감이 초대교회에 있었습니다.

사도행전 11장에 보면, 베드로가 고넬료 집안의 회심 사건을 교회 앞에 보고하는 장면이 나옵니다. 10장에서 이미 한 번 나왔던 내용임에도 불구하고 베드로가 매우 세세하게 다시 말하고 있는 겁니다. 요즘과 달리 당시에는 책을 기록하는 비용이 상당히 비쌌기 때문에 성경의 기록자들은 가능한 한 내용을 압축해서 표현합니다. 그런데도 누가가 이 모든 세부사항을 다시 옮기는 이유는 무엇일까요? 이는 곧 사도 베드로가 다른 사도들 앞에서 고넬료 집안에서 있었던 사건을 보고하고 증언하는 것이 구원의 역사에서 매우 중요함을 보여 주는 것입니다.

우리가 예수님의 복음을 전할 때, 그 복음의 능력이 살아서 역사하는 이야기도 함께 전하게 되는 경향이 있습니다. 오늘 우리가 세상에서 하는 일, 교회에서의 목회와 사역, 특히 선교 현장에서 나타나는 일들은 모두 복음의 적용입니다. "우리 교회에서 하나님이 이렇게 일하고 계십니다" "중국에서, 캄보디아에서, 아프리카에서 하나님이 이렇게 일하셨습니다" 하고 전하는 모든 내용은 곧 우리 가운데 행하시는 하나님의 역사의 증언입니다. 그 자체로 예수님의 이야기인 복음에 함께 연결되어 증거되어야 하는 소중한 증언입니다.

지금도 일하시는 하나님

사도행전에서 사도들의 여정은 줄곧 3인칭으로 서술되다가, 16:10부터는 "우리"가 주어로 등장하면서 1인칭 복수로 진행됩니다. 이는 이 부분이 직접 경험한 이의 목격담으로부터 유래했을 것이라는 역사적 의미와 함께, "우리"라는 표현을 사용하여 독자들을 이야기 안으로 초청하려는 문학적 의도로 볼 수 있습니다. 사도행전 21장에서는 바울 일행이 예루살렘에 도착한 모습을 다음과 같이 그려 줍니다.

예루살렘에 이르니 형제들이 우리를 기꺼이 영접하거늘 그 이튿날 바울이 우리와 함께 야고보에게로 들어가니 장로들도 다 있더라. 바울이 문안하고 하나님이 자기의 사역으로 말미암아 이방 가운데서 하신 일을 낱낱이 말하니 그들이 듣고 하나님께 영광을 돌리고.

(행 21:17-20상)

"하나님이 자기의 사역으로 말미암아 이방 가운데서 하신 일." 이 말은 '하나님의 선교'(missio Dei)에 대한 정확한 개념 정의일 것입니다. 선교는 하나님이 하신 일입니다. 동시에 사람을 통해서 하신 일입니다. 사도행전의 사도들은 각자 자신의 사역을 통해서 하나님이 하신 일을 "낱낱이" 보고하는 일에 열심이었습니다. 이 보고는 증언이기도 합니다. 부활의 증인들은 예수님이 부활하셨다는 사실을 믿지 않는 이들에게 증언할 뿐 아니라, 자신의 사역 가운데 하나님이 행하신 일을 동료 그리스도인들에게 증언하는 일에도 열심이었습니다. 예수님의 부활은 과거에 갇힌 사건이 아니라, 오늘도 계속되는 생명의 역사의 시작입니다.

사도행전이 오늘의 형태로 존재할 수 있었던 이유도 교회가 처음부터 보고하고 증언하는 일에 열심이었기 때문입니다. 이 증언을 들은 사람들이 있었고, 입에서 입으로 전해졌고, 이런 자료들이 모여서 전해지고(눅 1:1-2), 누가라는 사람의 손에 의해서 누가복음과 사도행전으로 존재하게 되었습니다. 하나님이 어느 개인과 여러 사람들을 통해서 우리가 가 보지 못한 어떤 땅에서 하신 일, 그 일을 낱낱이 보고한 것이 예수님의 이야기인 복음과 함께 전해졌고, 교회가 그 이야기를 듣고 하나님께 영광을 돌리는 그 증언들이 계속해서 이어졌기 때문에 오늘날의 기독교가 존재하는 것입니다.

케이프타운 서약 역시, 아브라함에게 하신 약속이 예수님의 복음을 통해 피조세계 전체의 회복에 이르는 선교적 비전을 말하고 있습니다.

우리는 세계 선교에 헌신한다. 세계 선교가 하나님과 성경, 교회와 인류 역사, 그리고 궁극적인 미래를 이해하는 데 핵심이기 때문이다. 성경 전체가, 십자가의 보혈을 통해 화해를 이루시는 그리스도 아래 하늘과 땅의 모든 것을 하나 되게 하는, 하나님의 선교를 드러낸다. 하나님은 죄와 악으로 깨어진 창조세계를 더 이상 죄나 저주가 없는 새로운 창조세계로 변화시키심으로써 자신의 선교를 성취하실 것이다. 하나님은 아브라함의 후손이자 메시아이신 예수님의 복음을 통해, 이 땅의 모든 나라들에게 복을 베푸시겠다는 아브라함에게 하신 약속을 성취하실 것이다. 하나님은 심판으로 흩어진 나라들의 분열된 세계를 변화시키셔서, 모든 종족, 나라, 민족, 그리고 언어로부터 불러낸 그리스도의 피로 구속받은 새로운 인류를 만드시고, 그들이 함께 모여 우리 하나님과 구원자를 예배하게 하실 것이다. 그리스도께서 생명과 정의와 평화의 영원한 통치를 세우시기 위해 다시 오실 때, 하나님은 죽음과 부패와 폭력의 통치를 무너뜨리실 것이다. 그리고 임

마누엘 하나님은 우리와 함께 거하실 것이며, 세상 왕국은 우리 주님과 그리스도의 왕국이 될 것이고, 그분은 영원히 세세토록 다스리실 것이다. (케이프타운 신앙고백 I.10)[1]

2024년 한국에서 개최되는 제4차 로잔대회도 증인들의 모임입니다. 로잔대회의 참석자들은 그들의 삶의 현장에서, 각기 다른 문화 속에서 역사하시는 하나님의 일을 함께 나누며 증인으로 증언합니다. 말하고 듣는 이들이 함께 하나님이 하신 일들을 보며, 하나님이 일하시는 방향을 헤아립니다. 그러는 가운데 선교의 비전이 형성되고 선교 전략이 수립됩니다.

로잔대회를 준비하는 말씀 네트워크에 'Acts NOW(Network Of Witnesses)'라는 이름을 붙였습니다. 여기에 숨은 고백은 'God Acts Now', 곧 '하나님이 지금도 일하고 계신다'입니다. 하나님이 우리의 삶의 현장, 선교 현장에 일하고 계신 줄 믿습니다. 하나님의 선교는 안팎으로 큰 도전을 맞고 있습니다. 그러할수록 하나님이 지금 우리 가운데 행하시는 일에 대한 민감성을 갖고, 이를 서로 나누고 증언하는 일이 필요합니다. 다음 장에서는 하나님이 우리 가운데 행하시는 '구원'에 대해 조금 더 자세히 들여다보겠습니다.

구원

4
하늘과 땅의 새로운 관계

오직 성령이 너희에게 임하시면 너희가 권능을 받고
예루살렘과 온 유대와 사마리아와 땅끝까지 이르러 내 증인이 되리라.
(행 1:8)

총체적 구원은 미래뿐 아니라 현재, 영혼뿐 아니라 전 인간
그리고 하나님이 우리를 위해서 행하신 일뿐 아니라
우리를 통해서 무엇을 하실 것인가를 모두 포함한다는 점을
되새겨 볼 필요가 있습니다.

사도행전을 선교적으로 읽기 위해서는 사도행전이 신구약성경 전체와 어떻게 연결되어 있는가를 볼 수 있어야 하며, 읽는 사람이 즉흥 연주의 참여자가 되어 읽어야 한다고 했습니다. 그리고 그 출발은 사도행전이 누가복음과 함께 있다는 사실을 상기하는 것입니다. 우리는 사도행전을 읽는 동안 계속해서, 사도행전이 누가복음에 이어서 같은 시각으로 써 내려가는 책이라는 것을 염두에 두어야 합니다.

흔히 사도행전을 가리켜 '성령행전'이라고 부르곤 합니다. 이 명칭의 적절성 여부와는 별개로, 사도행전에서 성령의 일하심이 대단히 중요한 것은 사실입니다. 사도행전은 성령을 받은 사도들이 담대하게 나가서 부활의 복음을 전하는 가슴 벅찬 이야기를 우리에게 들려줍니다. 2장의 '성령 강림'은 한 시대를 여는 결정적인 사건입니다. 그런데 사도행전을 누가복음과 연결해서 읽는다면, 사도행전에 나타나는 성령의 사역에 대해서도 먼저 누가복음에 주목할 필요가 있습니다. 누가복음 4장에서, 예수님이 나사렛 회당에 가서 안식일에 성경을 펴고 읽으셨던 말씀입니다.

'주의 성령이 내게 임하셨으니 이는 가난한 자에게 복음을 전하게 하시려고 내게 기름을 부으시고 나를 보내사 포로 된 자에게 자유를, 눈먼 자에게 다시 보게 함을 전파하며 눌린 자를 자유롭게 하고 주

의 은혜의 해를 전파하게 하려 하심이라' 하였더라. (눅 4:18-19)

예수님이 전하려 하셨던 하나님의 나라는 교회를 세우고 전도하는 정도의 선교를 훨씬 넘어서는 것으로 보입니다. 삶의 모든 차원에서의 해방을 "주의 은혜의 해" 곧 희년이라는 주제로 말하고 있기 때문입니다.

복음의 핵심은 예수님의 이야기입니다. 한 사람이 개인적으로 예수님을 만나고 회심하는 일은 늘 복음 사역의 중심입니다. 사도행전에서 사도 바울이 개인적으로 회심한 이야기를 세 번이나 반복하여 말하는 이유입니다. 그러나 우리는 복음 전도와 회심의 중요성을 놓치지 않으면서, 신구약성경을 통괄하는 하나님의 큰 회복의 이야기, 나사렛 회당에서 예수님이 선포하신 희년의 총체적인 복음의 폭을 함께 품어야 합니다.

1974년 제1차 로잔대회 때 사무엘 에스코바르(Samuel Escobar)라는 페루 출신의 신학자가 이 말씀으로 설교했습니다. 그는 서구 교회들이 예수님의 이 선포를 영적으로만 해석하는 경향을 지적하며, 이 말씀을 간절한 마음으로, 문자적으로 해석하는 그리스도인들이 많음을 기억하자고 촉구했습니다. 개인을 전도하고 그 결과 교회가 수적으로 성장하는 일은 좋은 일이지만, 예수 그리스도를 신실하게 따르는 제자도를 배제한 성장은 그리스도인들을 종교의 이기적인 소비자로 만들 뿐이라 했습니다. 그러면서 사회적·정치적 문제를 그리스도의 주 되심에 대한 순종이라는 맥락에서 다룰 수 있는 정의와 평화를 지향하는 공동체를 세우자고 역설했습니다. 그는 존 웨슬리(John Wesley)의 예를 들어, 웨슬리는 누구보다 개인 전도와 회심의 촉구에 열심이었지만, 그의 영향하에서 윌리엄 윌버포스(William Wilberforce) 같은 정치인이 노예 해방에 헌신했음을 상기시키면서, 회심과 사회 정의가 떨어져 있는 과제가 아님을 상기시켰습니다.

케이프타운 서약에서도 복음의 중심성을 분명히 나타내는 것과 아울러 죄의 결과와 악의 권세 때문에 발생한 인간성의 모든 차원의 부패를 지적하고, 그 상태로부터의 회복이라는 복음의 폭을 놓치지 않고 있습니다.

우리는 나쁜 소식들로 가득 찬 세상에서 이 좋은 소식을 사랑한다. 복음은 인간의 죄, 실패, 그리고 결핍이 야기한 끔찍한 결과들을 언급한다. 인류는 하나님을 거역하고 하나님의 권위를 거부하며 하나님의 말씀에 불순종했다. 이러한 죄악 된 상태에서 우리는 하나님으로부터 소외되었고, 서로에게서 소외되었으며, 창조질서로부터 소외되었다. 죄는 하나님의 정죄를 받을 만하다. 회개하기를 거부하고 "우리 주 예수 그리스도의 복음에 복종하지 않는" 자들은 영원한 멸망으로 형벌을 받으며 하나님의 임재로부터 격리될 것이다. 죄의 결과와 악의 권세는 인간성의 모든 (영적·육체적·지적·관계적) 차원을 타락시

컸다. 이 타락은 모든 문화와 역사의 모든 세대에 걸쳐 사람들의 문화·경제·사회·정치·종교에 침투해 들어갔다. 그것은 인류에게 헤아릴 수 없는 비참한 결과를 남겼으며 하나님의 창조세계를 심각하게 손상시켰다. 이러한 절망적인 상황에서 성경의 복음은 실로 복된 소식이 아닐 수 없다. (케이프타운 신앙고백 I.8.A)[1]

성경이 "구원"이라는 단어를 사용하는 방식

하나님의 구원이 어떤 차원의 해방을 포괄하고 있는가를 논하기에 앞서, 누가복음과 사도행전이 "구원"이라는 단어를 어떻게 사용하고 있는지 살펴볼 필요가 있습니다. 먼저 사도행전 27장을 보겠습니다.

> 여러 날 동안 해도 별도 보이지 아니하고 큰 풍랑이 그대로 있으매 구원의 여망마저 없어졌더라. (행 27:20)

> 바울이 백부장과 군인들에게 이르되 '이 사람들이 배에 있지 아니하면 너희가 구원을 얻지 못하리라' 하니. (행 27:31)

> '음식 먹기를 권하노니 이것이 너희의 구원을 위하는 것이요 너희 중

머리카락 하나도 잃을 자가 없으리라' 하고. (행 27:34)

여기서는 배가 파선의 위기에 처했을 때 그 위기를 무사히 벗어나는 좁은 의미의 상황만을 가리켜 "구원"이라고 합니다.

백부장이 바울을 구원하려 하여 그들의 뜻을 막고 헤엄칠 줄 아는 사람들을 명하여 물에 뛰어내려 먼저 육지에 나가게 하고. (행 27:43)

그는 그의 형제들이 하나님께서 자기의 손을 통하여 구원해 주시는 것을 깨달으리라고 생각하였으나 그들이 깨닫지 못하였더라. (행 7:25)

이때의 "구원"은 위기에서 살아남는 것을 가리킵니다. 27:43에서는 군인들이 죄인들을 다 죽이려고 할 때, 백부장이 바울을 "구원"하려고 그들의 뜻을 막았다고 합니다. 7:25에서는 모세가 이집트 사람에게 맞아 죽게 생긴 이스라엘 동족을 보호하기 위해서 이집트 사람을 죽인 것을 "구원"이라는 단어로 표현합니다. 그런데 여기서 모세가 이스라엘 백성들을 출애굽시키는 구원을 암시하는 듯한 뉘앙스를 발견하는 이도 있습니다.

누가복음에서 12년 동안 혈루증을 앓던 여자에게 예수님이 "딸아, 네 믿음이 너를 구원하였으니 평안히 가라"(눅 8:48) 하셨을 때, 이때의 "구원"은 병이 낫는 것을 가리킵니다. 그러나 육체의 치유를 경험한 뒤, 그 구원이 영적인 구원으로 이어질 가능성을 배제할 수는 없습니다.

> 백성은 서서 구경하는데 관리들은 비웃어 이르되 '저가 남을 구원하였으니 만일 하나님이 택하신 자 그리스도이면 자신도 구원할지어다' 하고. (눅 23:35)

여기서의 "구원"은 십자가에 달려 계시는 예수님을 군대나 협객이 와서 구출하는 것 같은 의미로 생각해 볼 수 있습니다.

이렇게 성경은 "구원"이라는 말을 다양하게, 우리의 기존 관념으로 보면 엉뚱하게 보이기까지 하는 용법으로 쓰고 있습니다. 신학의 언어는 할 수 있는 한 성경의 언어를 따라가는 것이 좋습니다. 성경은 폭넓게 쓰고 있는데, 우리가 좁은 의미만 고집하면 하나님의 뜻을 제한할 수 있습니다. 반대로 성경은 특정한 맥락에서 쓰고 있는데, 우리가 너무 일반화시켜 버리면 성경의 초점이 흐려질 수 있습니다. 우리가 "구원"이라고 말할 때, 그 폭을 결정하는 것도 일차적으로 성경입니다.

물론 성경 저자들마다 용례가 다르다는 점도 고려해야 합니다. 사도 바울은 대체로 종말론적인 구원, 우리가 흔히 교회에서 '영혼의 구원'이라 부르는 것에 집중합니다. 이와 달리 누가복음과 사도행전에서는 구원이라는 단어를 폭넓게 사용합니다. 따라서 이 모두가 한데 모인 성경을 읽는 우리는 종말론적 구원이라고 하는 바울 신학의 중심과, 폭넓은 구원이라는 누가의 관점을 함께 고려해야 합니다.

이 지점에서 우리는, 총체적 구원은 미래뿐 아니라 현재, 영혼뿐 아니라 전 인간 그리고 하나님이 우리를 위해서 행하신 일뿐 아니라 우리를 통해서 무엇을 하실 것인가를 모두 포함한다는 점을 되새겨 볼 필요가 있습니다. "구원"이라는 단어를 사용하는 누가의 폭넓은 용례를 볼 때, 누가복음-사도행전에서 말하는 구원은 단순히 하나의 단어가 아니라 세상의 구원 곧 해방에 대한 누가의 신학적 비전을 보여 주는 개념인 것입니다.

하늘이 아니라 땅에서의 해방

사도행전이 가장 우선적으로 강조하는 해방은 부활이 가져온 해방입니다. 부활은 죄와 사망의 권세에서 해방되는 것을 말합니다.

> 하나님께서 그[예수]를 사망의 고통에서 풀어 살리셨으니 이는 그가 사망에 매여 있을 수 없었음이라. (행 2:24)

예수님의 부활은 죄와 사망의 권세에 매여 있는 인간들을 해방시키는 구원을 향한 '첫 열매'였습니다. 그런데 이때의 해방은 우선 '땅'에 관한 것입니다.

'하늘'은 종교적 인간(Homo religiosus)이 오래 주목해 온 대상이었습니다. 역사가들이 전하는 바에 따르면, 율리우스 카이사르(Julius Caesar)가 암살당하고 난 후 그의 생일을 기념하는 축제 때 7일 동안이나 혜성이 나타났고, 로마인들은 그 별이 카이사르의 영혼이라고 믿었습니다.[2] 예수님이 '하나님의 아들'이라고 생각한 이들이라면 당시의 종교적 세계관 속에서 이와 비슷한 현상을 기대했을 수도 있습니다. 그러나 예수님은 '땅'을 말씀하셨습니다.

사도행전 1장에서 예수님은 하늘로 올라가시기 전에 제자들을 향해 이렇게 말씀하십니다.

> '오직 성령이 너희에게 임하시면 너희가 권능을 받고 예루살렘과 온 유대와 사마리아와 땅끝까지 이르러 내 증인이 되리라' 하시니라.
> (행 1:8)

예루살렘과 유대, 사마리아라는 구체적인 지명들이 "땅끝"에 앞서 나오는 것에 주목하십시오. "땅끝"이 어디인가 묻기 이전에 일단 관심이 땅에 있어야 한다는 것입니다. 이 말씀을 하신 뒤 예수님은 하늘로 올라가십니다. 그러자 제자들은 "하늘"을 쳐다봅니다.

올라가실 때에 제자들이 자세히 하늘을 **쳐다보고**(ἀτενίζω) 있는데 흰 옷 입은 두 사람이 그들 곁에 서서 이르되 '갈릴리 사람들아, 어찌하여 서서 하늘을 쳐다보느냐? 너희 가운데서 하늘로 올려지신 이 예수는 하늘로 가심을 본 그대로 오시리라' 하였느니라. (행 1:10)

여기서 '자세히 쳐다보다'라고 번역된 헬라어 단어는 '아테니조'(ἀτενίζω)입니다. 이는 '주목하다', 그러니까 뚫어져라 쳐다보는 것, 마치 시선을 못으로 박은 것처럼 집중해서 본다는 뜻입니다. 이 단어는 신약 전체에서 열네 번 나오는데, 그중 사도행전에서만 열 번 나옵니다. 저자인 누가가 이 단어를 의식적으로 사용하고 있다고 볼 수 있습니다.

이 단어는 그다음 사도행전 3장에서 다시 등장합니다.

나면서 못 걷게 된 이를 사람들이 메고 오니 이는 성전에 들어가는 사람들에게 구걸하기 위하여 날마다 미문이라는 성전 문에 두는 자라. 그가 베드로와 요한이 성전에 들어가려 함을 보고 구걸하거늘 베드로가 요한과 더불어 **주목하여**(ἀτενίζω) 이르되 '우리를 보라' 하니. (행 3:2-4)

베드로와 요한이 한 장애인을 "주목"합니다. 이 사람은 누구도 주목하지 않는 사람입니다. 일반적으로 성전에 들어가는 사람은 성전에서 열릴 제사, 혹은 성전 건물에 관심이 집중되어 있을 것입니다. 간혹 걸인을 보고 동전을 던져 주는 사람들도 그를 주목하지는 않을 것입니다. 그러나 베드로와 요한은 그를 주목하여 보았습니다.

1장에서 하늘을 주목하지 말라고 하면서 우리의 시선을 땅으로 향하게 한 후에 처음 쓰인 이 단어가 장애인인 걸인을 향해 있다는 사실은 교회의 시선이 어디로 향해야 하는지를 보여 줍니다. 우리의 신앙은 어디를 "주목"하고 있습니까? 텅 빈 하늘을 바라보고 있지는 않습니까? 우리는 하늘의 시각으로 이 땅에서의 일을 주목합니까? 땅 위의 많은 사람들과 일들 가운데 우리가 주목해야 할 것은 무엇입니까? 우리 자신을 돌아보기를 바랍니다.

곧이어 12절에서 이 단어가 다시 등장합니다. 태어나면서부터 걷지 못하던 사람이 일어나 뛰어다니는 기적을 보고, 백성들이 사도들에게 몰려들었다는 대목입니다.

> 베드로가 이것을 보고 백성에게 말하되 '이스라엘 사람들아, 이 일을 왜 놀랍게 여기느냐? 우리 개인의 권능과 경건으로 이 사람을 걷게 한 것처럼 왜 우리를 **주목**(ἀτενίζω)하느냐?'

땅의 일들 가운데서도 우리가 주목하지 말아야 할 것, 우리의 주의를 분산하는 것들이 있습니다. 예컨대 성공적인 사역의 결과로 그 사역자가 관심을 독차지하게 되는 경우입니다. 사도들은 이 일을 경계했습니다. 관심 갖지 말아야 할 일에 주목하면서 정작 중요한 일을 놓칠 수 있기 때문입니다. 베드로가 가리키는 대상, 궁극적으로 우리가 주목해야 할 대상은 단순히 '땅에 있는 불쌍한 사람들'은 아닙니다. 바로 이런 기적을 가능하게 한 힘의 근원, 땅의 사람들을 불쌍히 여기는 하나님이십니다.

땅과 하늘의 새로운 관계

우리는 땅의 일을 관심에서 놓치지 말아야 합니다. 그렇지만 땅의 일에만 우리의 시각이 한정되어서도 안 됩니다. 하늘이라는 차원도 물론 중요합니다.

사도행전 7장에 보면, 스데반이 순교하는 장면에서 '아테니조'가 다시 등장합니다.

> 스데반이 성령 충만하여 하늘을 우러러 **주목하여**(ἀτενίζω) 하나님의 영광과 및 예수께서 하나님 우편에 서신 것을 보고. (행 7:55)

스데반이 이 땅에서 눈을 들어 하늘 위의 장면을 볼 수 있었다는 것은 하늘과 땅이 그만큼 가까워졌다는 것, 곧 하늘과 땅이 소통하는 데 아무런 장애도 없다는 말입니다.

에베소서에 "공중의 권세 잡은 자들"(엡 2:2)이라는 표현이 나옵니다. 예수님 당시의 사람들은 "공중" 즉 사람들이 사는 땅과 하나님이 계신 하늘 사이는 악한 공간이라고 생각했습니다. 그런데 그 공간을 가르고 예수님이 승천하셨습니다. 천사가 "이 예수는 하늘로 가심을 본 그대로 오시리라"(행 1:11)라고 했습니다. 이는 일차적으로 재림에 대한 예언이지만, 부분적으로 이 예언은 성령 강림 때 성취되었다고도 볼 수 있습니다.

사도행전에서는 성령을 가리켜 "예수의 영"(행 16:7)이라고 합니다. 이전에는 땅과 하늘이 완전히 막혀 있었는데, 예수님이 승천하심으로 막혔던 길이 뚫린 것입니다. "오소서 진리의 성령님 하늘 가르고 임하소서"라는 찬송은 "원하건대 주는 하늘을 가르고 강림하시고"(사 64:1)라는 말씀에서 나왔습니다. 오순절 성령 강림은 하늘과 땅을 가르는 장벽이 없어졌다는 말입니다. 그리스도의 승천은 그 길을 여신 것이며, 그 길을 통해 성령이 내려오셨습니다. 우리 입장에서 볼 때 성령이 하늘을 가르고 임했다고 볼 수 있습니다.

예를 들자면, 큰 강을 사이에 두고 두 마을이 있습니다. 왕래하려면 나룻배를 타고 왔다 갔다 해야 하기 때문에 왕래가 쉽지 않았습니다. 그러던 어느 날 이 강에 다리가 생겼습니다. 그 후로 누구나 쉽게 다닐 수 있게 되었습니다. 두 마을을 왔다 갔다 하면서 장도 보고, 친구가 되기도 하고, 서로를 알게 되고 언어와 문화가 섞이는 등의 변화가 일어납니다. 저쪽 마을에서나 일어날 법한 일이 이쪽에서도 일어나는 일, 하늘에서나 가능한 일이 땅에서도 일어나는 상황이 생겨납니다. 그것이 성령 강림 이후의 선교의 역사입니다.

다리가 생기기 이전에도 배를 타고 왔다 갔다 하는 사람들이 있었습니다. 구약의 선지자들이 바로 그들이었죠. 그러나 예수님이 오신 후로, 아주 특별한 사람들에게만 허용되었던 일을 이제는 웬만한 사람들이 다 할 수 있게 되었습니다.

> 하나님이 말씀하시기를 말세에 내가 내 영을 모든 육체에 부어 주리니 너희의 자녀들은 예언할 것이요 너희의 젊은이들은 환상을 보고 너희의 늙은이들은 꿈을 꾸리라. 그때에 내가 내 영을 내 남종과 여종들에게 부어 주리니 그들이 예언할 것이요. (행 2:17-18)

땅에 사는 많은 사람들이 예수님을 통해서 하늘의 은혜를 맛볼 수 있는 시대가 되었다는 것이 복음입니다. 스데반이 땅에서 눈을 들어 하늘을 볼 수 있게 되었습니다. 오순절은 하늘과 땅이 관계 맺는 방식이 결정적으로 바뀐 사건입니다. 하늘의 은혜가 이 땅에서 일어난 사건이 성령 강림이고, 하나님이 주시는 그 해방의 사건이 우리 가운데 지속적으로 일어나게 되었습니다. 우리는 이

해방 안에 "남종과 여종"이 포함되어 있다는 사실에 주목해야 합니다.

하늘과 땅이 가까워지는 사건과 인간 사이의 장벽이 무너지는 일은 함께 일어납니다. 로마 백부장의 집에 유대인이 들어가서 함께 어울리고(행 10:24-48), 먼 땅에서 예루살렘까지 갔으나 성전에는 들어가지 못했던 내시가 세례를 받고 하나님의 백성이 되는 사건들이 이어집니다(행 8:35-40). "둘로 하나를 만드사 원수 된 것 곧 중간에 막힌 담을 자기 육체로 허시[는]"(엡 2:14)는 역사는 초대 교회가 보여 준 생생한 현실이었습니다.

선교의 즉흥 연기를 위한 선교적 시선

한 선교사가 고국을 떠나 낯선 선교지에 처음 당도하여, 주위를 살피고 탐색하는 장면을 상상해 보십시오. 사도행전을 선교적으로 읽는다는 것은, 때로는 베드로, 때로는 사도 바울의 시선을 따라가면서 그들의 눈에 무엇이 들어왔는지, 그들이 그 일들에 어떻게 반응했는지 살펴보는 것이기도 합니다.

우리는 사도들의 선교를 텍스트로 삼아 오늘의 컨텍스트에 적용하는 일, 곧 '선교의 즉흥 연기'를 위해 사도들의 시선을 배울 필요가 있습니다. 이는 해외나 다른 문화 속으로 들어가는 선교사들에게만 적용되는 내용이 아닙니다. 모든 그리스도인이 삶의 현장에 보냄 받았다는 소명 가운데 '선교적 삶'을 살아야 합니다. 그렇다면 보냄 받은 이와 이 세상이 만나는 접점에서 선교적 시선이라는 출발점은 대단히 중요해집니다.

시대마다 '주목'해야 할 선교적 과제가 있습니다. 로잔대회는 전 세계의 선교현장에서 다양한 목소리를 청취하고, 선교의 과제를 헤아려 가는 대회입니다. 제4차 로잔대회가 주로 다룰 이슈는 아래의 스물다섯 가지입니다.

복음 전파(Reaching People)

1. 전 세계 인구 고령화(The Global Aging Population)
2. 새로운 중산층(The New Middle Class)
3. 다음세대 전도(Reaching the Next Generation)
4. 이슬람(Islam)
5. 세속주의(Secularism)
6. 최소 전도 종족(Least Reached People, 미복음화된 민족)

디지털 시대의 사역(Ministry in a Digital Age)

7. 디지털 시대의 성경(Scripture in a Digital Age)
8. 디지털 시대의 교회 형태(Church Forms in a Digital Age)
9. 디지털 시대의 제자 훈련(Discipleship in a Digital Age)

10. 디지털 시대의 전도(Evangelism in a Digital Age)

인간됨에 대한 이해(Understanding Humanness)

11. 트랜스 휴머니즘, 기술, 그리고 구원 재정의(Transhumanism, Technology, and the Redefinition of Man's Salvation)

12. 성과 성별(Sexuality and Gender)

13. 정신 및 신체 건강(Mental and Physical Health)

다중심적 선교사역(Polycentric Missions)

14. 다중심적 선교(Polycentric Mission)

15. 다중심적 자원의 동원(Polycentric Resource Mobilization)

16. 기독교인의 연합과 지상대위임령(Christian Unity and the Great Commission)

선교와 거룩함(Mission & Holiness)

17. 정직과 반부패(Integrity & Anti-Corruption)

18. 통전적 영성 및 선교(Integrated Spirituality & Mission)

19. 지도자 품성 개발(Developing Leaders of Character)

공동체에서 증인 되기(Bearing Witness within Communities)

20. 이주민(People on the Move)

21. 도시 공동체(Urban Communities)

22. 디지털 공동체(Digital Communities)

사회적 상호교류(Societal Interaction)

23. 기독교, 급진적 정치 그리고 종교의 자유(Christianity, Radical Politics, and Religious Freedom)

24. 창조세계와 취약계층 돌봄(Caring for Creation & the Vulnerable)

25. 일터사역(Christian Witness in the Marketplace)

이 가운데 많은 주제들은 한국 교회가 이런저런 모양으로 고민하고 다루어 온 내용들입니다. 모든 사람이 각 주제들에 똑같이 관심을 갖기는 힘들 것입니다. 하지만 로잔이라는 플랫폼을 통해서 여러 가지 도전들이 점검되는 흐름에 발맞추어, 한국에서도 교회나 지역별로, 선교단체, 시민단체, 공부 모임 등에서 관심 가는 주제들에 대한 다양한 토론의 장을 만들고, 실천의 방향들을 모색할 필요가 있습니다. 한국에서의 논의가 세계적인 시각을 확보하게 되고, 한국의 경험과 지혜들로 세계 교회에 기여하는 기회도 될 것입니다.

흩어짐

5
교회의 확장과 포스트크리스텐덤

예수 그리스도의 사도 베드로는
본도, 갈라디아, 갑바도기아, 아시아와 비두니아에 흩어진 나그네[에게].
(벧전 1:1)

초기 그리스도인들은
'디아스포라'라는 말에 적극적인 의미를 부여하고
이러한 흩어짐에서 하나님의 뜻을 발견했습니다.

앞에서 하늘과 땅이 새로운 관계를 맺었으므로 우리는 땅에 주목해야 한다고 말했습니다. 땅에 주목한다는 것은 구체적으로 땅에 흩어져 살아가는 다양한 사람들, 그들의 삶과 문화에 주목하는 것입니다. 땅에 흩어져서 다양한 모습으로 살아가는 이들의 문화를 존중한다는 것은 성경의 '흩어짐'이라는 주제에 대한 재고를 요구합니다. 구약의 이스라엘에게 '흩어진다'는 것은 가장 큰 벌로 인식되었습니다.

> 그러므로 여호와께서 이와 같이 말씀하시니라. 너희가 나에게 순종하지 아니하고 각기 형제와 이웃에게 자유를 선포한 것을 실행하지 아니하였은즉 내가 너희를 대적하여 칼과 전염병과 기근에게 자유를 주리라. 여호와의 말씀이니라. 내가 너희를 세계 여러 나라 가운데에 흩어지게 할 것이며. (렘 34:17)

> 세상 모든 나라 가운데 흩어서 그들에게 환난을 당하게 할 것이며 또 그들에게 내가 쫓아 보낼 모든 곳에서 부끄러움을 당하게 하며 말거리가 되게 하며 조롱과 저주를 받게 할 것이며. (렘 24:9; 참조. 40:15; 겔 4:13; 6:8)

이스라엘 사람들은 자신들이 하나님의 말씀에 순종하지 못했기 때문에 포로로 잡혀가고 흩어져 살게 되는 가장 큰 벌을 받게 된 것이라고 생각했습니다. 그들은 '디아스포라'(Diaspora: 흩어진 사람들)라는 말을 좋아하지 않았습니다. 여러 곳에 흩어진 이들이 다 함께 모여 살게 되는 것이 다름 아닌 '이스라엘의 회복'이라고 생각했기 때문입니다.

> 옛적에 주께서 주의 종 모세에게 명령하여 이르시되 만일 너희가 범죄하면 내가 너희를 여러 나라 가운데에 흩을 것이요, 만일 내게로 돌아와 내 계명을 지켜 행하면 너희 쫓긴 자가 하늘 끝에 있을지라도 내가 거기서부터 그들을 모아 내 이름을 두려고 택한 곳에 돌아오게 하리라 하신 말씀을 이제 청하건대 기억하옵소서. (느 1:8-9)

그러나 우리가 앞서 살펴보았듯이, 이스라엘의 회복은 구약의 이스라엘 나라로 회귀하는 게 아니라 하나님이 창조 때에 품으셨던 본래의 의도를 향해 가는 새로운 회복입니다. 예수님의 부활로 하늘과 땅의 관계가 새로워진 세계에서는 "땅끝"도 갈 수 있는 영역, 우리의 시선이 미쳐야 하는 영역이 되었습니다.

그런데 "땅끝까지" 간다는 것은 '땅끝에' 가는 것과 다릅니다. 예를 들어 지금 있는 곳에서 스페인까지 가는 것을 생각해 보면, 공항에서 비행기를 타고 날아가 스페인 공항에 내리는 것이 아니라 여기서부터 스페인까지 걸어가는 것을 의미합니다. A에서 목적

지인 Z로 바로 가는 것이 아닌 A에서 B로, B에서 C로, 그렇게 경로를 쭉 통과해 가는 것입니다.

이미 B부터 낯선 땅입니다. 지금은 세계 여러 나라를 여행하는 것이 무척 자유로운 일이 되었지만, 예수님 당시의 유대인들 입장에서는 바로 옆의 사마리아도 가기 힘든 땅, 심리적·문화적인 "땅끝"이었을 수 있습니다. 가는 곳마다 새로운 사람을 만나고, 말이 통하지 않는 경험에 당황하고, 먹어 본 적 없던 음식도 먹게 되고…. 더욱이 율법을 엄격하게 지키던 유대인들에게 유대 방식으로 준비되지 않은 음식을 대하는 것이 얼마나 끔찍한 일이었을지 생각해 보십시오.

사도행전 10장에서, 하늘에서 보자기가 내려와 베드로에게 율법이 금한 음식을 먹으라고 한 사건은 단순히 인간에 대한 개방성을 말하는 유비가 아니라, 이방 선교의 큰 걸림돌이었던 음식 문화에 대한 정면 도전이었습니다. 사도들은 계속해서 새로운 경험에 노출되면서 지금까지 가졌던 자기 인생의 선입견이 깨어지고 새로운 적응을 해야 하는 도전을 맞습니다. 사도행전은 이런 도전들이 하나님의 섭리 안에 있다는 역사의식을 전합니다.

그리스도인들은 '디아스포라'라는 말에 적극적인 의미를 부여하고, 이러한 흩어짐에서 하나님의 뜻을 발견하는 사람들입니다. 그리스도인들은 '흩어짐'을, 하나님이 계획을 가지고 씨를 뿌리듯 자신들을 세계 곳곳에 흩으신 것이라고 이해했습니다.

> 예수 그리스도의 사도 베드로는 본도, 갈라디아, 갑바도기아, 아시아와 비두니아에 흩어진 나그네[에게]. (벧전 1:1; 참조. 행 11:19; 벧전 2:11)

바벨탑의 '저주'를 다시 생각하다

오순절의 성령 강림은 하늘과 땅이 통하게 된 사건일 뿐 아니라, 인간들이 상이한 언어와 문화의 장벽을 넘어서서 통하게 된 사건입니다. 오순절 사건은 창세기 11장의 바벨탑 사건과도 관계가 있습니다. 바벨탑으로 인해 생겨났던 소통의 단절이 오순절 사건으로 극복되고 다시 서로 통하게 된 것입니다.

그러나 모든 언어가 하나로 통일되었다고 보는 것은 섣부릅니다. 바벨탑 사건으로 언어가 나뉘게 되었던 것은 정말 저주이기만 했을까요? 하나님 나라에서는 정말 모든 언어가 단 하나로 통일될까요?

> 이 일 후에 내가 보니 각 나라와 족속과 백성과 방언에서 아무도 능히 셀 수 없는 큰 무리가 나와 흰옷을 입고 손에 종려 가지를 들고 보좌 앞과 어린양 앞에 서서. (계 7:9)

'각 방언'을 언급하는 요한계시록의 이 말씀은 언어의 다양성이 그대로 유지된 채로, 각각 자기 문화를 유지한 채로, 하나 되어 하나님을 찬양할 것이라는 말로 볼 수 있습니다. 완성될 하나님 나라의 모습을 우리가 구체적으로 알 수는 없지만, 결국 모든 언어가 단 하나로 통일될 것이라는 생각은 문화적 자기중심주의를 조장하는 경향이 있습니다.

봉준호 감독의 〈기생충〉이 2019년 칸 영화제에서 황금종려상을 수상한 후, 미국 개봉을 앞두고 여러 기대를 모을 때였습니다. 미국의 한 매체가 던진 "한국 영화는 지난 20년 동안 큰 영향을 미쳤음에도 왜 단 한 작품도 오스카 후보에 오르지 못했는가?"라는 질문에 봉 감독은 "오스카는 로컬(지역 시상식)이기 때문"이라고 답했습니다. 이 대답은 미국 영화인들에게 신선한 충격을 주었습니다. 2020년에 〈기생충〉이 오스카 작품상을 받자, 한국 영화가 인정받은 사건이라기보다는, 오스카 영화제가 미국이라는 로컬을 벗어난 사건이라고 보는 평이 있었습니다. 로잔대회가 지향하는 "다중심적"(poly-centric) 선교에 대한 통찰을 주는 문화적 사건입니다.

세계적인 데이터 분석기관인 비주얼 캐피탈리스트(Visual Capitalist)의 통계에 따르면, 지금 인터넷상에 존재하는 모든 정보의 60.4퍼센트가 영어로 이루어져 있습니다.[1] 전 세계에서 영어를 사용하는 실제 인구는 16.2퍼센트 정도이지만, 인터넷상의 정보는 영어가 압도적 다수를 차지하는 것입니다. 인터넷이라는 기술의 발달이 영어의 영향력을 더 키워 놓고 있는 것이 분명합니다. 여기에는 한 언어로 다른 문화의 사람들과 소통할 수 있는 폭이 넓어진다는 긍정적인 면이 있습니다. 그러나 그만큼 다양한 문화가 담지하는 다양한 사고와 상상력을 제한하는 면도 있을 것입니다. 모노컬처(mono-culture: 단일 작물재배)는 생태계에도 좋지 않습니다. 단일 문화의 편리함은 문화적 전체주의로 흐를 위험을 내포하고 있다고 보아야 합니다.

생성형 AI가 발달하면서 언어의 장벽을 넘어서려는 노력이 조만간에 가시적인 성과를 거둘 것이라는 전망이 나오고 있습니다. 그런데 인터넷상 언어의 예를 보면, AI의 발달이 한 언어의 문화적 주도권을 더 강화하게 될 것이라는 예측도 해 볼 수 있습니다. 문화적 다양성을 지향하는 성경의 정신이 AI 이후 시대에 어떻게 적용되어야 할지는 신학적·선교적으로 중요한 과제입니다.

제3차 로잔대회에서 나온 케이프타운 서약은 종족의 다양성을 진지하게 다루고, 교회가 창조와 구속 사건 가운데서 다양성의 가치를 제대로 인식해야 한다고 촉구했습니다.

> 종족의 다양성은 창조세계에 심긴 하나님의 선물이자 계획이다. 그러나 이것은 인간의 죄와 교만으로 오염되어 혼돈과 분쟁, 폭력, 그리고 국가 간의 전쟁을 낳았다. 그러나 종족의 다양성은 새 창조세계에서 보존될 것이며, 모든 나라와 종족과 민족과 언어에서 나온 사람들이 하나님의 구속된 백성으로 모일 것이다.…우리는 교회가 세상에

서 종족 간 화해와 갈등 해소에 대한 적극적인 지지 때문에 가장 눈에 띄게 빛나는 모델이 될 날을 고대한다…. (케이프타운 신앙고백 IIB.2)[2]

종족 간 갈등의 현실과 화해의 복음은 로잔의 중요한 관심사였습니다. 1989년 필리핀 마닐라에서 열린 제2차 로잔대회에서는 인종차별(Apartheid)에 대한 강력한 저항의 메시지가 선포되었습니다. 당시에 남아프리카공화국의 인종차별 문제가 심각했기 때문입니다. 그 후 1995년에 넬슨 만델라(Nelson Mandela)가 남아공 대통령이 되고 진실과화해위원회의 활동이 전개되는 시기에 남아공의 케이프타운에서 제3차 로잔대회가 열렸다는 것은 여러모로 의미 있는 사건이었습니다. 만델라가 진실과화해위원회의 책임을 정치가나 법률가가 아닌 데즈먼드 투투(Desmond Tutu) 대주교에게 맡겼다는 사실 또한 그리스도인들이 인권을 위한 노력에 기여했다는 점을 보여 줍니다.

케이프타운에서 열린 로잔대회는 "그리스도 안에서 세상을 자신과 화해시키시는 하나님"이라는 주제로 모였습니다. 이 대회에서는 남아공의 문제는 해결 과정에 있었지만, 르완다에서의 학살에 대한 생생한 증언과 탈북민의 증언이 이어지면서 여전히 남아 있는 인권 문제에 대한 세계 그리스도인의 주의를 환기시켰습니다. 팔레스타인 분쟁, 코소보 인종청소 등의 주제도 심도 있게 다루어졌습니다. 이를 통해 많은 그리스도인들이 고난의 현실 가운데 정의를 지향하는 십자가의 길을 다짐하는 계기가 되었습니다.

케이프타운 서약은 세계의 다원적 상황에 대한 엄정한 인식을 주문하고 있으며, 포스트모더니즘의 상대주의도 신학적 해석의 시야에 넣고 있습니다. 다원적 문화 상황을 선교적으로 받아들이려는 작업은 포스트모더니즘에 대한 평가를 피해 갈 수 없습니다. 포스트모더니즘은 모더니즘에 대한 반작용으로 나온 것이기 때문에, 포스트모더니즘을 평가하기 위해서는 모더니즘에 대한 신학적 평가부터 시작해야 합니다.

신학자 리처드 미들턴(Richard Middleton)은 『여전히 우리는 진리를 말할 수 있는가』(*Truth is Stranger Than It Used to Be*, IVP)라는 책에서 모더니즘의 교만을 바벨탑에 비추어 해석합니다.[3] 17세기는 비약적인 과학의 발전이 이루어지면서 인류가 그 속도에 스스로 놀라는 시기였습니다. 18세기에는 산업혁명이 이어지면서 인류의 지적인 자신감과 미래에 대한 낙관이 높아졌습니다. 곧 계몽주의 시대입니다. 19세기, 20세기는 이를 토대로 비약적인 경제 성장을 이룬 시기입니다. 17세기부터 20세기에 이르러 '진보의 신화'가 형성됩니다. 속도감 있게 발전하는 세상은 인간에게 '인식론적 자기 확신'을 심어 주었습니다. 이성적으로 사고하기만 한다면 인간은 스스로 진리를 알 수 있고, 그 빛으로 자신의 길을 스스로 헤쳐 갈 수 있다는 자신감은 자율적 인간의 이상으로 이어졌습니다. 인간의 생각에서 하나님이 별로 필요 없는 시대가 된 것입니다.

요약하면, 17세기부터 현재에 이르기까지 세계를 지배하는 세 이데올로기는 과학주의(Scientism), 기술주의(Technicism), 경제주의(Economism)입니다. 미들턴은 모더니즘을 구성하는 이 세 가지 이데올로기를 인간이 쌓아 올려서 "하늘에까지 닿고자" 했던 바벨탑의 유비로 읽어 낼 수 있다고 합니다. 그렇다면 "이 건축 프로젝트의 실패는 인간사를 주관하시는 하나님의 자애로운 개입"이라고 할 수 있을 것입니다.[4]

바벨탑의 흩어짐이 저주이며, 종말에는 그 저주받은 상태가 회복되어 모든 언어가 하나로 통일될 것이라는 막연한 생각은 성경의 지지를 받기 힘듭니다. 성경을 보면, 하나님이 본래 명령하신 것은 한곳에 모여 살라가 아니라 "생육하고 번성하여 땅에 충만하라"(창 1:28)였습니다. 흩어져 사는 것이 사실은 하나님의 본래 뜻이었습니다. 사람들이 다양한 곳에 흩어져 살다가, '흩어지지 않겠다, 모여서 똘똘 뭉쳐서 뭔가 쌓아 보자' 한 것이 바벨탑의 교만인 거지요.

포스트모더니즘은 모더니즘의 획일주의, 전체주의적 사고를 비판할 수 있는 시각을 제공합니다. 이는 포스트모더니즘의 가능성에 대한 기대라기보다는 모더니즘적 전체주의가 현대 사회에 끼친 악영향에 대한 경각심을 주문하는 쪽이 더 강합니다. 모더니즘에 대한 반성은 여전히 우리 시대 신학의 주요 과제입니다.

현재 한국 사회에서 가장 심각한 현상은 소위 '영끌'이라는 말로 표현되는 물질적 부에 대한 지나친 몰입, 그리고 경쟁 사회에서의 승리에 대한 지나친 집착입니다. 2021년에 퓨 리서치 센터(Pew Research Center)가 17개국 성인들에게 '자신의 삶을 의미 있게 만드는 가치'가 무엇인지 물었습니다. 그중 응답자들이 첫째로 꼽은 가치는 가족(38퍼센트), 직업(25퍼센트), 물질적 풍요(19퍼센트) 순이었는데, 이 조사에서 한국이 유일하게 물질적 풍요가 가장 중요한 가치라고 꼽은 나라입니다(19퍼센트).[5] 더욱 충격적인 것은, 다른 조사에 따르면 한국의 고등학생 중에서 돈 10억이 생긴다면 1년간 감옥에 가도 좋다고 답한 비율이 56퍼센트에 달했다는 조사 결과입니다.[6] 이처럼 경제적인 가치가 다른 모든 가치를 압도하는 획일적인 기준이 되어 가는 현상, 곧 '경제주의'라는 바벨탑에 지금 우리가 갇혀 있다고 볼 수 있겠습니다.

다양한 인생관과 가치들이 공존하는 세계가 아름답고 창의적인 삶을 가능하게 합니다. 이 지점에서 우리는 포스트모더니즘의 담론에 획일적인 경제주의를 극복하는 힘이 있는가를 돌아보아야 합니다. 포스트모던 시대에 와서 경제주의는 더 강화되었고, 그 담론이 소비적으로 유통되고 있습니다.[7] 더구나 한국은 서구와 같은 모더니즘의 시기를 거치지 못한 비서구 사회입니다. 우리는 모더니즘의 합리성도 제대로 확립되지 않은 상태에서 포스트모던의 상대주의와 씨름해야 하는 어려운 과제를 안고 있습니다.

포스트크리스텐덤과 한국 교회

오늘날 선교를 규정하는 중요한 인식으로 지금이 기독교왕국(Christendom) 이후의 시대, 포스트크리스텐덤이라는 자각이 있습니다. 중세뿐 아니라, 종교개혁, 길게는 20세기 초·중반에 이르기까지 교회는 서구 사회의 문화적 주도권을 갖고 있었습니다. 지금은 이 크리스텐덤의 시대 '이후', 즉 포스트크리스텐덤 시대입니다.

월터 브루그만(Walter Brueggemann)은 교회가 문화적 주도권을 잃어버린 이 시기를 가리켜 '바빌론 포로 시기' 같다고 했습니다. 스탠리 하우어워스(Stanley Hauerwas)는 교회가 이 세상에서 "나그네 된 존재"(Resident Aliens)임을 제대로 깨닫는 데서 그리스도인이 살아가야 할 방식이 도출될 수 있다고 주장합니다.[8] 리처드 마우(Richard Mouw)는 그리스도인들이 복음의 확신을 양보하지 않으면서도, 이 세상이 요구하는 '교양'을 갖추고 복음의 독특성을 살아내야 한다며 "확신을 갖춘 시민 교양"(convicted civility)을 주문했습니다.[9] 비슷한 맥락에서 미로슬라브 볼프는 "온건한 차별성"(soft difference)을 갖추자고 말합니다.[10] 제임스 헌터(James Hunter)는 정치적 슬로건으로 세상을 바꾸겠다는 그리스도인들의 조급함이 오히려 복음의 빛을 잃게 만들었음을 지적하면서 "신실한 현존"(faithful presence)을 제안합니다.[11]

이러한 담론들을 범주적으로 포스트크리스텐덤에 대한 서구 그리스도인들의 치열한 반응이라고 볼 수 있습니다. 다만 한국 교회에 바로 적용하기에는 어려운 점이 있습니다. 한국은 전통적으로 기독교 국가였던 적이 없기 때문에, 다시 말해 본격적인 크리스텐덤 시기가 없었기 때문에 포스트크리스텐덤 논의 자체가 적절하지 않다는 비판이 가능합니다. 그러나 한국에서는 교회가 급성장하면서, 사회 각 분야에 상당한 영향력을 끼치면서 권력과 가까운 지배 종교라는 이미지가 형성된 것이 사실입니다. 상당수 교회 지도자들이 정치적 권력 장악을 통하여 사회에 영향력을 끼칠 수 있다는 환상을 갖기도 했습니다. 21세기 초에 그런 짧은 환상의 시기가 지나고, 교회는 안으로는 침체기에 접어들고 밖으로는 온갖 부정적인 공격에 시달려야 했습니다. 코로나 시기는 한국 교회의 떨어진 위상과 내적 혼란을 확인해 준 시기였습니다. 좀 더 넓게 보면, 한국에서는 기독교가 선교 초기부터 서구의 종교로 소개되면서 서구의 문화적 우위라는 조건하에 선교가 이루어졌다는 점도 고려되어야 합니다.

이처럼 단기간에 교회가 성장하고, 이 시기가 급속한 경제 성장, 현대화, 서구화 흐름과 겹쳤기 때문에, 한국 교회는 크리스텐덤의 유익을 짧은 기간에 집약적으로 누렸다고 볼 수 있습니다. 이제 서구에서도 그 시기가 지나고 포스트크리스텐덤으로 접어들었다고 하는데, 기독교 문화의 뿌리가 깊지 못한 한국 교회가 감당해야 하는 부작용은 훨씬 더 크다고 볼 수 있습니다. 우리 사회의 문화 전체에서 기독교의 목소리가 주변화되는 엄혹함은 서구 교회가 느끼는 것보다 훨씬 심각할 것입니다. 서구 신학자들이 포스트크리스텐덤을 '교회의 바빌론 포로 시기' '나그네 됨'이라고 표현하지만, 미국인들이 식민지의 아픔을, 나그네의 설움을 얼마나 이해할지 의문입니다. 세계 교회가 모이는 장인 로잔대회에서는 전 세계의 기독교가 당면하고 있는 포스트크리스텐덤의 상황을 기독교의 전통이 뿌리내리지 못한 사회에서는 어떻게 해석해야 할지 모색하는 계기가 되기를 바랍니다.

아울러 모더니즘의 합리성이 제대로 확립되지 못한 상태에서 포스트모더니즘의 상대주의 물결을 맞아야 하는 한국 사회의 상황도 고민해 보아야 합니다. 또한 우리는 디지털 기술이 열어 놓을 가능성과 그 무정부성의 위험까지 고려해야 하는 상황에 놓여 있습니다. 데이비드 키네먼은 현대를 '디지털 바빌론 시대'라고 규정합니다.[12] 그는 유대인들이 포로로 잡혀갔던 바빌론이 자극적이고 폭력적인 이교 문화의 중심이었던 것처럼, 오늘날의 디지털 세상도 소외와 불신을 키우며 욕망을 극대화하는 문화임을 지적합니다. 거짓 뉴스가 난무하고, 다양한 정보들이 빠르게 명멸하는 이 시기에 진리에 대한 헌신과 신실함을 유지하기란 대단히 어려울 것이라는 경각심을 가져야 합니다. 우리는 또한 인공지능의 발달로 인간과 기계의 경계가 모호해지거나 무너지는, 포스트휴먼 혹은 트랜스휴먼 시대를 앞두고 있습니다. 신학적으로 인간성의 개념 자체를 재정의해야 하는 무거운 과제가 우리 앞에 있습니다.

그러나 바빌론 포로기에도 다니엘을 비롯한 신실한 유대인들은 한편으로는 적극적으로 그 사회에 참여하고, 또 한편으로는 자신들의 신앙적 정체성과 문화적 분별력을 유지했습니다. 그 결과 바빌론 시기는 그들의 신앙이 담금질되고 세계적인 비전으로 성장하는 계기가 되었습니다. 이 시기부터 시작된 유대인 디아스포라의 신앙은 후에 초대교회의 선교가 세계로 뻗어 나가는 플랫폼 역할을 했습니다. 그렇게 할 수 있었던 힘은 그 무서운 세상과 급속한 변화도 결국은 하나님의 손안에 있다는 신앙이었습니다. 초대교회 사도들에게도 "땅끝"은 가능성과 기회의 땅인 동시에 두려운 미지의 땅이었습니다. 오늘의 땅끝은 어디입니까? 어쩌면 우리는 이렇게 말해야 할지도 모릅니다.

"오직 성령이 너희에게 임하시면 오프라인과 SNS와 메타버스와 생성형 AI 세계에까지 내 증인이 되리라!"

"땅끝까지"라는 말을 다시 보면, 지리적으로 다른 곳에 갈 뿐 아니라, 인종적으로 다른 사람을 만나고 문화적으로 다른 세계를 경험하는 것이라 할 수 있습니다. 사도행전 당시, 로마 제국 초기는 이전에 경험하지 못했던 속도로 세계가 연결되고, 대도시로 인구가 집중되던 시기였습니다. 그만큼 새로운 기회가 열리기도 하고, 한편으로는 사회의 소외와 병폐가 깊어지던 시기였습니다. 그 시기의 소망과 탄식에 응답했던 그리스도인들의 삶과 사역을 살펴

봄으로써, 오늘 우리가 직면한 도전을 헤쳐 나가는 지혜와 용기를 얻기를 바랍니다.

사회

6
다차원적 사회 속 복음의 에토스

너희 마음에 그리스도를 주로 삼아 거룩하게 하고
너희 속에 있는 소망에 관한 이유를 묻는 자에게는
대답할 것을 항상 준비하되 온유와 두려움으로 하고.
(벧전 3:15)

사도행전은 로마의 에토스와 복음의 에토스가
결국에는 대립할 수밖에 없다는 사실을
분명히 보여 주고 있습니다.

사도행전, 당시 세계의 캐리커처

사도행전은 교회가 어떻게 지리적으로 확장되어 가면서 성장하는가를 보여 주는 책이기도 하지만, 사도행전을 선교적으로 읽으면서 우리는 사도행전이 복음이 도달하는 각 지역들의 모습을 독자들에게 세심하게 소개하고 있다는 점을 발견할 수 있습니다.

사도행전은 각 지역과 문화의 중요한 특징을 스케치합니다. 혹은 '캐리커처'(caricature)한다고 할 수도 있습니다. 캐리커처는 특징을 과장하는 그림입니다. 예를 들어, 얼굴 전체에서 코가 크게 돋보이는 사람이 있다면 코를 일반적인 크기보다 두세 배쯤 크게 그리는 식입니다. 사도행전에도 이처럼 어떤 지역의 특성들을 확대하고 강조하며 표현하는 특징이 있습니다. 이를 알고 사도행전을 읽으면 상황을 입체적으로 볼 수 있습니다.

> 무리가 바울이 한 일을 보고 루가오니아 방언으로 소리 질러 이르되 '신들이 사람의 형상으로 우리 가운데 내려오셨다' 하여. (행 14:11)

루스드라에서는 바나바와 바울을 신으로 여긴 사람들이 등장합니다. 그들이 기적을 보고 즉각 반응하여, 어떤 준비 절차나 고민 없이 바로 "소와 화환들을 가지고"(13절) 제사를 드리려고 뛰어오는 모습은 마치 만화의 한 장면이 연상될 정도입니다. 이는 이 지역의 종교성에 대한 캐리커처입니다. 당시의 세계가 얼마나 신의 현현에 목말라 있었는가가 잘 드러납니다. 또한 바울과 바나바를 본 루스드라 지방의 사람들이 "루가오니아 방언으로" 소리 질렀다는 보도가 인상적입니다. 이 구절은 역사가들이 로마 시대의 언어 지도를 그리는 데 중요한 사료가 되고 있습니다.

빌립보는 성경에서 유일하게 "로마의 식민지"라 소개되는 곳입니다. 고린도도 로마의 식민지였지만, 고린도는 문화적으로 그리스 전통이 상당히 남아 있던 도시였던 반면 빌립보는 로마의 색채가 훨씬 강한 도시였습니다. 사도행전 16장에 나타나는 이 도시와 사도의 조우 장면은 로마 사회의 면모를 잘 드러냅니다.

철학의 도시 아테네에 대해서는 이런 묘사가 나옵니다.

> 모든 아덴 사람과 거기서 나그네 된 외국인들이 가장 새로운 것을 말하고 듣는 것 이외에는 달리 시간을 쓰지 않음이더라. (행 17:21)

이 표현 역시 과장된 면이 있습니다. 인생과 세계에 대해서 묵직한 질문으로 사색하던 지혜자의 도시가 이제는 부유하는 지식의 파편들을 탐하여 이리저리 쏠리는 지식의 소비처로 전락했음을 신랄하게 그려 냅니다. 소크라테스가 젊은이들을 붙들고 진리를 논하던 그 거리에 이제 바울이 서서 진리를 전하고 있습니다.

고대의 역사서나 전쟁 기록 등은 독자들에게 낯선 세계를 소개해 주는 기행문과도 같은 역할을 했습니다. 그렇다면 사도행전이 한 사회를 소개하는 방식은 그 사회를 바라보는 '선교적 시각'의 예를 보여 준다고 할 수 있습니다. 한 사회를 선교적 시각으로 본다는 것은, 복음을 담지한 사도로서 그 사회에 어떻게 접근하고 참여할 것인가를 고민하며 들여다보는 것을 의미합니다. 즉 사도행전이 각 지역과 문화를 묘사하는 시각은 '선교적 참여자 시점'(missional participant's point of view)이라 할 수 있습니다.

사도행전과 로마 제국의 관계

이처럼 사도행전은 각 지역에 대한 캐리커처들을 하나하나 쌓아 가면서 로마 제국 전체에 대한 그림을 보여 주고 있습니다. 사도행전과 로마 제국과의 관계는 사도행전 연구에서 중요한 주제입니다.

어떤 학자들은 "사도행전은 친로마 변증의 문서다"라고 분석합니다. 사도행전에는 귀족들, 총독, 고위 관료들과 사도들이 좋은 유대 관계를 맺는 장면들이 나오기 때문입니다(행 13:7; 19:31 등). 이들은 이런 긍정적인 묘사에는 기독교라는 종교가 정치적으로 무해한, 로마 제국이 경계할 필요가 없는 종교라는 것을 강조하려는 의도가 있다고 해석합니다. 여러분도 사도행전을 읽으면서 그런 느

껌을 받으실 수 있습니다. 그런데 정말 그런가는 면밀히 질문해 보아야 합니다.

"기독교는 이런 종교입니다. 로마 정권을 뒤집어엎고자 하는 의도가 없습니다"라고 로마 당국이 보라고 썼을 가능성은 많지 않습니다. 내부용입니다. 사도행전이 정치적 주제를 다루고 있다면, 그것은 내적으로 그리스도인들의 정치적 태도를 형성해 가고자 하는 의도로 볼 수 있습니다. 그리스도인들 중에는 로마에 순응하는 사람들도 있었을 테고, 물리적 항거를 말하는 급진적 입장의 사람들도 있었을 것입니다.

사도행전이 친로마 문서라고 볼 수 있는 여지가 있습니다. 예루살렘 사람들이 바울을 죽이려고, 바울을 죽이기 전까지는 밥도 안 먹겠다고 결단했던 사람들이 40여 명이나 되었습니다(행 23:21). 대단한 위협입니다. 그 상황에서 바울을 구해 주는 것이 바로 로마 군대입니다. 로마 백부장이 바울을 구하기 위해 보병 200명, 기병 70명, 창병 200명을 동원합니다(행 23:23). 어마어마한 군대입니다. 마치 영화에서 폭력배들이 주인공을 죽이려 하는데, 경찰과 군대가 특수 병력을 수백 명 동원해서 호위하는 셈입니다. 여기서 로마는 강력한 '구원자'의 이미지로 등장합니다.

다른 한편으로는, 사도행전에는 바울이 재판받을 때 로마 총독 벨릭스가 "바울에게서 돈을 받을까 바라는 고로 더 자주 불러 같이 이야기하더라"(행 24:26)라고 로마의 부패상을 꼬집는 장면도 있습니다. 법의 나라 로마의 신뢰성이 흔들리는 대목입니다. 바울은 그다음 장에서 로마 황제에게 판결받기 위해서 상소를 합니다. 그러나 황제를 대리해서 유대에 와 있는 총독의 뇌물 애호 성향은 로마의 법적 시스템을 회의하게 합니다. 로마는 공정한 재판, 특히 시민들의 정당한 권리를 보호해야 한다는 이념을 중시했습니다. 사도행전은 로마 제국이 스스로 설정한 목표를 달성하고 있는가 하는 의문을 제기하게 합니다.

로마의 에토스와 복음의 에토스

여기서 질문해야 할 것은, 사도행전을 친로마적 문서로 이해하거나, 반대로 신약을 지나치게 반로마적인 정치적 메시지로 이해하는 경향 등이 지나친 정치 환원주의의 시각은 아닌가 하는 것입니다. 앞서 언급했듯 사도행전에 기독교를 '정치적으로 안전한 종교'로 윤색하려는 경향이 강하게 나타난다고 보는 견해에 대해서는, 실제로 그 시대에 '정치적 갈등'이라고 할 만한 것이 그렇게 압도적이지 않았다는 대답을 하고 싶습니다.

사도행전 본문을 통해 이를 살펴보겠습니다. 16장에서 빌립보에 간 바울은 점치는 능력이 있는 여자 노예를 만납니다.

우리가 기도하는 곳에 가다가 점치는 귀신 들린 여종 하나를 만나니 점으로 그 주인들에게 큰 이익을 주는 자라. 그가 바울과 우리를 따라와 소리 질러 이르되 '이 사람들은 지극히 높은 하나님의 종으로서 구원의 길을 너희에게 전하는 자라' 하며 이같이 여러 날을 하는지라. 바울이 심히 괴로워하여 돌이켜 그 귀신에게 이르되 '예수 그리스도의 이름으로 내가 네게 명하노니 그에게서 나오라' 하니 귀신이 즉시 나오니라. (행 16:16-18)

성경에서 우리는 예수님이나 사도들이 귀신을 만날 때 대체로 즉각적으로 쫓아내거나, 대결하는 장면에 익숙합니다. 그런데 인상적이게도 여기서 바울은 며칠이나 지체합니다. 무심한 상태가 아니라, 심히 괴로워하면서도 말이지요. 여러 가지 이유가 있을 수 있겠습니다. 그가 마케도니아 지역에 사전 준비나 전이해 없이 왔기 때문에 조심하는 것일 수 있고, 또 빌립보는 로마의 문화와 권력이 강력한 곳이기에 팽팽한 긴장이 존재하기도 했을 것 같습니다.

결국 바울은 여자 노예에게서 점치는 귀신을 쫓아냅니다. 그런 후에 어떻게 되었을까요?

여종의 주인들은 자기 수익의 소망(ἐλπίς)이 끊어진 것을 보고 바울과 실라를 붙잡아 장터로 관리들에게 끌어갔다가 상관들 앞에 데리고 가서 말하되 '이 사람들이 유대인인데 우리 성을 심히 요란하게 하여 로마 사람인 우리가 받지도 못하고 행하지도 못할 풍속(ἔθη)을 전한다' 하거늘 무리가 일제히 일어나 고발하니 상관들이 옷을 찢어 벗기고 매로 치라 하여 많이 친 후에 옥에 가두고 간수에게 명하여 든든히 지키라 하니. (행 16:19-23)

"자기 수익의 소망"에서 소망은 잘 알려진 헬라어 단어인 '엘피스'(ἐλπίς)입니다. '믿음, 소망, 사랑'이 기독교의 중요한 가치로 확립된 상태에서 누가가 이 단어를 사용하는 것은 예사롭지 않습니다. 그가 기독교의 소망과 세상의 소망, 경제적 이익을 위해 사람을 착취하는 것도 마다하지 않는 이들의 소망과 그리스도 안에 있는 소망을 대비한다고 볼 수 있습니다. "풍속"으로 번역된 '에테'(ἔθη)는 윤리, 기풍, 풍속 등을 의미하는 '에토스'(ἔθος)의 복수입니다. 이는 곧 한 사회의 문화와 윤리의 총체입니다. 소망이 삶의 태도, 에토스를 만듭니다. "로마 사람"으로는 용납하지 못할 "풍속"을 전한다고 바울이 고발당하는 이 장면에서는 로마의 가치와 복음의 가치가 대비되고 있습니다.

너희 마음에 그리스도를 주로 삼아 거룩하게 하고 너희 속에 있는 소망에 관한 이유를 묻는 자에게는 대답할 것을 항상 준비하되 온유와 두려움으로 하고. (벧전 3:15)

베드로전서는 그리스도인들이 구별된 삶을 살면, 한쪽에서는 비방할 것이고(벧전 4:4) 다른 쪽에서는 존중할 것이라고 합니다(벧전 2:9). 그들의 구별된 '에토스'를 보면, 남다른 '소망'이 있을 것이라 생각하고 묻게 될 것이라는 말입니다.

로마 사회가 가장 중요시했던 권리는 노예에 대한 가부장의 권리였습니다. 바울의 행위는 노예 주인의 권리를 침해하는 것이었습니다. 귀신 들린 이를 불쌍히 여기고 귀신을 쫓아내는 "해방"은 그리스도로 인한 새 창조의 삶의 방식입니다. 그런데 귀신 들린 사람을 만나서 바로 귀신을 쫓아내지 않고 며칠 동안 지체하는 바울의 태도는 새 창조와 로마의 관습 사이에 끼여 있는 곤혹스러운 기독교 공동체의 입지를 상징하는 것으로 읽을 수 있습니다. 바울이 경험한 실제 문제를 보도하면서, 누가 시대의 교회가 당면한 문제를 다루고 있을 가능성입니다.

사도들이라고 모든 사회 문제에 대해서 쾌도난마식의 대답을 가지고 있지는 못했습니다. 특히 노예 문제에 대해서, 고린도전서 7장과 빌레몬서는 신분 차별의 철폐라는 복음의 방향과 사회 질서 내에서의 현실적 행동 지침 사이에 곤혹스러운 갈등이 있었음을 드러냅니다. 그렇지만 사도행전은 로마의 에토스와 복음의 에토스가 결국에는 대립할 수밖에 없다는 사실을 분명히 보여 주고 있습니다.

빌립보에서 바울을 핍박한 것은 로마 정권이나 관리가 아니었습니다. 바울은 당국에 의해서 핍박받은 것이 아니라 주민들에게서 핍박을 받았습니다. 예수를 전한다고 핍박받은 게 아니라, 기독교가 담지하는 삶의 양식이 노예제를 근간으로 하는 사회에 도전이 되었기 때문에 핍박을 받은 것입니다. 초대교회에서는 실제로 위로부터의 박해, 정부의 박해는 그렇게 많지 않았습니다. 대부분의 박해는 옆으로부터의 박해, 주위 사람들의 박해였습니다.[1]

바울이 고린도에서 당한 박해의 양상도 이와 같았습니다.

> 갈리오가 아가야 총독 되었을 때에 유대인이 일제히 일어나 바울을 대적하여 법정으로 데리고 가서 말하되 '이 사람이 율법을 어기면서 하나님을 경외하라고 사람들을 권한다' 하거늘 바울이 입을 열고자 할 때에 갈리오가 유대인들에게 이르되 '너희 유대인들아, 만일 이것이 무슨 부정한 일이나 불량한 행동이었으면 내가 너희 말을 들어주는 것이 옳거니와 만일 문제가 언어와 명칭과 너희 법에 관한 것이면 너희가 스스로 처리하라. 나는 이러한 일에 재판장 되기를 원하지 아니하노라' 하고. (행 18:12-15)

고린도에서도 민간인들이 바울을 고발하는데, 갈리오 총독은 가급적 이 일에 연루되지 않으려 합니다. 이런 태도는 비두니아의 총독인 플리니우스에게 황제 트라야누스가 보낸 편지에서도 확인되는바, 1세기 말-2세기 초 로마 제국의 공식적인 입장도 이에 가까웠던 것 같습니다.

데살로니가전서와 베드로전서도 이와 비슷한 박해의 양상을 전합니다.

> 형제들아, 너희가 그리스도 예수 안에서 유대에 있는 하나님의 교회들을 본받은 자 되었으니 그들이 유대인들에게 고난을 받음과 같이 너희도 너희 동족에게서 동일한 고난을 받았느니라. (살전 2:14)

> 너희가 음란과 정욕과 술 취함과 방탕과 향락과 무법한 우상 숭배를 하여 이방인의 뜻을 따라 행한 것은 지나간 때로 족하도다. 이러므로 너희가 그들과 함께 그런 극한 방탕에 달음질하지 아니하는 것을 그들이 이상히 여겨 비방하나. (벧전 4:3-4)

그리스도인이 된 사람들의 윤리적 삶이 비그리스도인들을 불편하게 만들었기 때문에 비방을 받는다는 것입니다. 뇌물이 일상화된 사회에서는 뇌물을 받지 않는 사람을 불편해할 것입니다. 착실한 남편은 방탕한 남자들 사이에서 따돌림을 당할 수도 있습니다. 여기서 박해는 기본적으로 삶의 양식과 윤리적 태도, 즉 에토스의 차이에서 옵니다.

사회 문제의 다차원성과 선교

사회의 문제는 정치뿐 아니라 경제, 문화 등 각 요소들이 복합적으로 작용한 결과로 발생합니다. 때로는 옳고 그름을 선명하게 판가름하기가 어렵기도 하고, 현실적 어려움 때문에 이상적 목표를 추구하기 어려울 때도 있습니다.

사도행전 16장에서 바울이 귀신을 쫓아낸 여종은 불의한 구조에 놓여 있었습니다. 자신이 아무리 점을 잘 쳐도 그 주인들만 돈을 벌었기 때문입니다. 귀신에게 사로잡혀 있는 상태도 그 사람의 삶을 불행하게 만들었을 것입니다.

그렇지만 당장 그 여종에게서 귀신을 쫓아내는 것이 어떤 결과를 가져올까요? '점치는 능력'이 박탈되고 바울이 그 지역을 떠나고 나면 이 사람은 어떻게 될까요? 사도행전의 기사에서 이 여종의 뒷이야기, 곧 예수님을 믿었다든지 바울을 따라갔다든지 하는 내용이 나오지 않는 것이 특이합니다. 상상력을 발휘해서 생각해 보면, 능력이 사라진 여종은 주인에게서 버림받을 수 있습니다. 여자가 할 수 있는 일이 극히 제한적이었던 당시의 사회 구조에서 더 큰 가능성은 창녀가 되는 쪽일 것입니다. 사도는 그런 결과를 가져올 수밖에 없는 악한 사회 체제를 마주하고 있습니다.

한 사람에게서 귀신을 쫓아낸다고 해도, 사회의 문제는 여전히 남아 있습니다. 신약성경과 초대교회의 역사를 보면 그리스도인 됨과 노예라는 신분은 서로 어울리지 않는다는 분명한 의식이 있었습니다(고전 7:23; 몬 16절). 그러나 현실의 노예들이 이 모순된 상황을 견디어야 하는가, 아니면 적극적으로 자유를 추구해야 하는가 하는 문제는 쉽게 해결하기 어렵고 상당히 곤혹스러운 고민거리였습니다. 하나님 나라의 현실은 그리스도 안에서 종과 자유인의 구별이 철폐되는 것임이 분명합니다(갈 3:28). 그러나 하나님이 "만물을 회복하실 때까지"(행 3:21) 중간기를 사는 우리는 늘 사회적·윤리적 딜레마를 맞이할 수밖에 없습니다.

지금 한국 사회에도 심각한 여러 문제들이 있습니다. 교권의 문제를 예로 들어 보면, 한편으로 교사들의 권리를 지나치게 강조하다 보면 학생들의 인권을 포함하여 예상하지 못한 또 다른 문제가 생길 수 있습니다. 학교 교육의 근본 문제는 과도한 경쟁, 불공정한 임금 체계와 고용 문화, 부동산 문제, 지역 간 격차, 사교육 시장의 문제들이 복잡하게 얽혀 있기 때문입니다.

목회를 하다 보면 이와 같은 상황을 많이 만나게 됩니다. 한국 사회의 비대해진 사교육 시장을 질타해야 하는 선지자적 사명을 자각하게 되더라도, 현실에서는 작은 학원을 경영하면서 어렵게 생계를 이어 가는 분들이 눈에 보입니다. 이처럼 사회 전체의 문제가 심각한 상태에서 특정한 문제 하나만 떼어 놓고 사고하기란 힘들고, 어떤 구체적인 사안에서 선과 악의 문제로 딱히 나뉘지 않는 영역들이 있다는 것입니다.

우리는 옳은 방향을 설정하고도, 추진해 가는 방식이나 속도에 있어서는 조절해야 하는 경우가 많습니다. 이상적인 목표를 설정하고 무작정 달려가다 보면 생각지 못한 피해자가 생길 수도 있기 때문입니다. 목회를 할 때든 선교를 할 때든, 사회 문제의 다차원성과 민감성을 고려해야 하는 현실적인 문제가 있습니다.

성령

7
말씀의 승리와 성령

그러나 진리의 성령이 오시면
그가 너희를 모든 진리 가운데로 인도하시리니
그가 스스로 말하지 않고 오직 들은 것을 말하며
장래 일을 너희에게 알리시리라.
(요 16:13)

사도행전을 가리켜 흔히 '성령행전'이라고도 하지만
정작 성령은 무대 앞에 나서기 좋아하는 분은 아닙니다.
그분은 복음의 말씀을 통해 일하십니다.

앞에서 초대교회가 당한 핍박과 외부 세계와의 갈등은 정치적이
기보다는 사회적인 차원이 더 강하다고 했습니다. 그렇지만 정치
적인 차원이 하나님의 주권에서 제외될 수는 없습니다. "통치와 권
세"(엡 1:21) 등의 표현이 보여 주는 것처럼, 성경은 세상의 정치권
력 안에 도사리고 있는 악에 대해 각별한 경각심을 갖고 있으며,
모든 악이 심판받는다면 '정치권력'이 저지른 악행은 그 첫 번째
대상이 될 수밖에 없음을 분명히 하고 있습니다(요 16:11). 사도행
전은 사도들에게 가해진 핍박에서 하나님을 대항하는 권력의 악
마적인 속성을 읽어 냅니다(행 4:25-28). 사도행전 12장에는 이런
장면이 나옵니다.

> 헤롯이 두로와 시돈 사람들을 대단히 노여워하니 그들의 지방이 왕
> 국에서 나는 양식을 먹는 까닭에 한마음으로 그에게 나아와 왕의 침
> 소 맡은 신하 블라스도를 설득하여 화목하기를 청한지라. 헤롯이 날
> 을 택하여 왕복을 입고 단상에 앉아 백성에게 연설하니 백성들이 크
> 게 부르되 '이것은 신의 소리요 사람의 소리가 아니라' 하거늘 헤롯이
> 영광을 하나님께로 돌리지 아니하므로 주의 사자가 곧 치니 벌레에
> 게 먹혀 죽으니라. 하나님의 말씀은 흥왕하여 더하더라. (행 12:20-24)

이 헤롯은 헤롯 아그립바 1세로, 주후 44년에 사망한 것으로

추정됩니다. 사도행전이 기록되기 수십 년 전의 일입니다. 사도행전의 저자나 독자의 입장에서 헤롯의 죽음이라는 사건이 어떤 의미가 있었기에 이 일을 기록한 것일까요? 에베소나 로마에 살던 사람들이 사도행전의 첫 독자라고 보았을 때, 수십 년 전에 제국의 변방에 있는 작은 나라의 왕이, 사실 왕도 아닌 분봉왕이 만용을 부리다가 죽은 일이 그들에게 기억할 만한 사건이었을까요? 예를 들어, 뉴욕이나 런던에 사는 사람에게 동양 어느 작은 지역의 권력자가 수십 년 전에 어떤 일로 죽었다는 기록이 무슨 의미가 있을까요? 사도행전이 그런 '하찮은' 일을 굳이 기록한 이유가 무엇일까요?

이 이야기의 일차적인 관심은 헤롯 자체가 아닙니다. 그보다는 권력 일반을 향한, 더 구체적으로 말하자면 로마 황제에 대한 이야기라고 봐야 합니다. 누가복음의 이방인 독자들은 헤롯이 죽거나 살거나 별로 상관없는, 헤롯이 누구인지도 잘 모르는 사람들이었습니다. 그런데 사도행전이 기록될 당시는 황제 숭배가 본격적으로 행해지던 때였습니다. 따라서 사도행전이 이 이야기를 통해 말하는 것은 황제 숭배에 대한 경고입니다. 같은 이치로 마태복음 2장에 나오는 헤롯의 잔혹한 유아 학살 보도는 오래전 이집트 왕 바로의 이미지를 떠올리게 하며, 또한 권력 일반에 대한 고발로 이어집니다. 마태복음을 읽는 독자들은 주후 70년에 잔혹하게 예루살렘을 파괴하고 양민을 학살한 베스파시아누스 황제의 가문을 떠올리지 않을 수 없었을 것입니다.

'하나님의 나라'는 '하나님의 통치'를 말합니다. 그리스도를 통해서 하나님이 다스리시는 샬롬의 나라는 이러한 권력의 폭력적 본질을 분명히 드러냅니다. 그 절정이 십자가입니다. 성경은 전체적으로 '권력'에 대한 심판을 분명하게 말하고 있습니다. 신약에서는 요한계시록에서 두드러지게 나타나지요. 사도행전의 권력 비판이 그 강도에 있어서 요한계시록 같은 문서보다는 약하다고 할 수 있으나, 본질적으로 다른 방향을 향하고 있는 것은 아닙니다.

'하나님의 나라'는 하나님 이외의 모든 권력을 상대화합니다. 특별히 이 이야기에서는, 어떤 권력이 자신을 신격화할 때 하나님의 준엄한 심판을 피할 수 없음을 분명히 보여 줍니다. 또한 사도행전에는 인간을 비인간화하는 갖가지 권력에 대한 비판도 나옵니다.

말씀의 승리, 그러나 승리주의는 아닌

헤롯의 사망을 전하는 문단의 결론이 "하나님의 말씀은 흥왕하여 더하더라"(행 12:24)인 것에 주목하십시오. 사도행전은 헤롯이 죽고 더 나은 정권이 수립되었다고 하지 않습니다. 강한 권력을 누르고 약한 사도들이 승리했다는 식으로 논의를 전개하지 않습니다. 사도행전은 사도들을 영웅화하지 않으며 사도들의 승리, 교회의 승리, 심지어 성령의 승리에 대해서도 말하지 않습니다. 오직 하나님 말씀의 승리를 말할 뿐입니다.

> 복음으로 말미암아 내가 죄인과 같이 매이는 데까지 고난을 받았으나 하나님의 말씀은 매이지 아니하니라. (딤후 2:9)

바울 역시 말씀의 승리를 말합니다. 승리할 수밖에 없는, 복음 말씀의 능력을 말하는 것입니다. 사도행전이 특별히 경계하는 것은 승리주의입니다. 복음의 승리가 영광스러울수록 우리는 승리주의에 빠지지 않도록 각별히 주의해야 합니다. 목회자는 사역이 잘되면 자신감이 생기고 교만으로 이어지기 쉽습니다. 그러나 사도행전이 말하는 승리는 어떤 사람의 승리가 아니라, 말씀의 승리입니다.

바울이 '매여 있다'는 사실, 사도들이 끊임없이 핍박받는다는 사실 또한 승리주의에 빠지지 않도록 하는 안전판 역할을 합니다. 그들은 복음을 위하여 핍박받는 것을 오히려 기뻐하였습니다.

> 그들이 옳게 여겨 사도들을 불러들여 채찍질하며 예수의 이름으로 말하는 것을 금하고 놓으니 사도들은 그 이름을 위하여 능욕받는 일에 합당한 자로 여기심을 기뻐하면서 공회 앞을 떠나니라.
> (행 5:40-41)

하나님은 바울을 부르실 때부터 "그가 내 이름을 위하여 얼마나 고난을 받아야 할 것을 내가 그에게 보이리라"(행 9:16)라고 하셨습니다. 바울은 이제 막 예수님을 믿은 이들에게 "우리가 하나님의 나라에 들어가려면 많은 환난을 겪어야 할 것이라"(행 14:22)라고 했습니다. 핍박당하는 것을 신앙 공동체의 정체성으로 삼고 있는 것입니다. 여기에는 '예수님 믿으면 복 받고 모든 일이 잘될 것이다'라는 식의 번영신학이 들어설 틈이 없습니다.

성령의 은사와 겸손함

사도행전은 승리를 말하면서 '성령의 승리'라는 표현도 피하고 있습니다. 프레더릭 데일 브루너(Frederick Dale Bruner)라는 신학자가 『성령-삼위일체 중 수줍어하는 분』(*The Holy Spirit-Shy Member Of The Trinity*)이라는 책을 썼습니다. 사도행전을 가리켜 흔히 '성령행전'이라고도 하지만, 정작 성령은 무대 앞에 나서기 좋아하는 분은 아닙니다. 사도행전에서 성령은 겸손하게 뒤에 숨어 계시면서 그리스도를 증거하십니다. 그분은 복음의 말씀을 통해서 일하십니다.

요한복음에서도 마찬가지입니다.

그러나 진리의 성령이 오시면 그가 너희를 모든 진리 가운데로 인도

하시리니 그가 스스로 말하지 않고 오직 들은 것을 말하며 장래 일을 너희에게 알리시리라. 그가 내 영광을 나타내리니 내 것을 가지고 너희에게 알리시겠음이라. (요 16:13-14)

우리는 성령을 사모하고, 성령의 일하심을 기대합니다. 염려스러운 것은 목회 현장에서나 선교지에서 사람들이 성령의 은사를 받으면 교만해지는 모습을 나타내는 것입니다. 사도행전에도 돈으로 성령의 은사를 사고 싶어 하는 사람들이 등장합니다. 그만큼 성령의 능력은 권력으로 남용되기 쉽습니다. 그러나 자신을 중심에 두려 하는 교만은 성경이 말하는 성령의 성품과는 반대입니다. 성령의 겸손을 알아야 사도행전 전체를 이끌어 가시는 하나님의 방식을 알 수 있습니다. 이는 '즉흥 연주'를 익혀야 하는 그리스도인들에게 가장 중요한 훈련입니다.

간혹 사도행전을 읽는 이들 중에 이런 문제 제기를 하는 경우가 있습니다. 바울 서신에서는 성령으로 인해 맺어지는 성품의 열매, 인격이 다듬어지는 것을 강조하는데, 사도행전에서는 시원시원하게 일을 이끌어 나가는 능력만 강조되는 것처럼 보인다는 것입니다. 사도행전은 복음이 강하고 빠르게 증거되고, 정신 차릴 수 없이 빠른 속도로 지역 교회들이 세워지는 역사를 기록하기 때문에, 개개인의 인격 성장에 대한 견해를 차분하게 피력할 여유가 없었을 것입니다. 장르의 특성이라고도 할 수 있고, 정경 내에서의 역할 분담으로 보아도 좋을 것입니다. 그러나 사도행전이 다른 세계를 살고 있는 것은 아닙니다.

사도행전에서 나타나는 베드로와 바울의 모습을 보면 이를 잘 이해할 수 있습니다. 먼저, 사도행전 3장에서 베드로가 성령의 은사로 병을 고칩니다. 그러자 많은 사람들이 베드로를 주목합니다. 적절히 활용하면 영웅이 될 수 있는 기회입니다. 그러나 베드로는 이 기회를 이용하는 대신, 자신에게서 사람들의 시선을 돌리고자 합니다.

> 베드로가 이것을 보고 백성에게 말하되 '이스라엘 사람들아, 이 일을 왜 놀랍게 여기느냐? 우리 개인의 권능과 경건으로 이 사람을 걷게 한 것처럼 왜 우리를 주목하느냐?' (행 3:12)

사도행전 10장에는 이런 장면이 나옵니다.

> 이튿날 가이사랴에 들어가니 고넬료가 그의 친척과 가까운 친구들을 모아 기다리더니 마침 베드로가 들어올 때에 고넬료가 맞아 발 앞에 엎드리어 절하니 베드로가 일으켜 이르되 '일어서라. 나도 사람이라' 하고. (행 10:24-26)

베드로가 백부장 고넬료 집에 가자, 고넬료가 베드로의 발 앞에 엎드려 절합니다. 이는 곧 그를 신으로 여겨 경배한다는 뜻입니다. 베드로가 "나도 사람이라"와 같이 반응하는 것이 그 맥락을 잘 보여 줍니다. 바울도 비슷한 상황을 겪습니다.

> 바나바는 제우스라 하고 바울은 그중에 말하는 자이므로 헤르메스라 하더라. 시외 제우스 신당의 제사장이 소와 화환들을 가지고 대문 앞에 와서 무리와 함께 제사하고자 하니 두 사도 바나바와 바울이 듣고 옷을 찢고 무리 가운데 뛰어 들어가서 소리 질러. (행 14:12-14)

바울이 병을 고치자 사람들이 바울을 향해서 이방 신의 이름인 '제우스'라고 외칩니다. 곧이어 제사장이 제사에 쓸 소와 화환을 가져옵니다. 언제든지 숭배할 준비가 되어 있는 것입니다.

당시 사도들이 복음을 전하러 다녔던 도시들은 광장과 거리에, 관공서, 상점, 극장, 운동 시설, 목욕탕, 심지어 일터와 가정마다 신들의 형상이나 이름, 상징 들이 있는 '신들로 가득한 도시들'(cities full of gods)이었습니다.[1] 이 도시의 사람들은 인간이 인간의 힘으로 해결할 수 없는 많은 문제를 경험한다고 생각했고, 그래서 언제든지 인간이 아닌 어떤 존재가 출현하여 자신들의 문제를 해결해 주기를 원했습니다. 어떤 공간에 가스가 가득하면 작은 불씨에도 당장 폭발하게 되는 것처럼, 종교적 분위기로 가득한 사회였던 것입니다. 이런 곳에서 베드로와 바울이 발휘하는 성령의 은사는 그야말로 신으로 숭배받기 충분해 보였을 것입니다.

복음서의 베드로는 나서기 좋아하는 사람이었습니다. 그는 인정받고 싶어 하는 욕구가 유달리 강한 사람으로 보입니다. 백부장 고넬료가 베드로 앞에 엎드렸을 때, 성령을 받기 이전의 베드로 같았으면 자기 인생의 목적이 성취되는 순간으로 보았을 것입니다. 그런데 사도행전의 베드로의 반응을 보면 이전과 확연히 달라진 모습입니다. 고넬료를 향해서는 "나도 사람입니다"라고 대답하고, 병든 자를 고친 후에 사람들이 자신을 주목하자 "왜 우리에게 집중하십니까?"라고 반응합니다. 바울도 그랬습니다. 얼마든지 영웅이 될 수 있고, 신으로 숭배받을 수 있고, 자신에게 주신 능력을 이용해 볼 수 있는 상황이었지만, 그는 끊임없이 낮고 약한 자리로 향했습니다. 이는 성령의 은사가 인격의 변화를 일으킨다는 분명한 증거입니다.

복음의 핵심, 예수님의 대속적 죽음은 섬김의 삶과 떼려야 뗄 수 없이 단단히 연결되어 있습니다. 이 둘을 분리할 수 있다고 생각한 것이 많은 그리스도인들이 범한 오류입니다. 또한 당장 모든 세상 사람에게 성경이 명령하는 삶을 요구해서 세상을 변화시켜야 한다는 생각 역시 심각한 오류입니다. 이 오류는 중세에 심각하게 드러났으며, 소위 '기독교 국가'들의 크리스텐덤적 사고 안에 여전히 남아 있습니다. 하지만 예수님의 방식은 다릅니다.

> 인자가 온 것은 섬김을 받으려 함이 아니라 도리어 섬기려 하고 자기 목숨을 많은 사람의 대속물로 주려 함이니라. (막 10:45)

> 너희 중에는 그렇지 않을지니 너희 중에 누구든지 크고자 하는 자는 너희를 섬기는 자가 되고. (막 10:43)

권력 지향의 삶이 아닌 섬김의 삶을 "너희 중에"서 먼저 실천하라는 말씀입니다. 예수님은 윤리적인 삶을 위한 법을 제정하거나, 악한 정권을 타도하고 선한 이들을 지도자로 세우거나 하는 정치적 프로그램으로 '희년의 정의'를 실현하라고 하지 않으십니다. 제임스 헌터는 현대 미국 교회의 사회 참여 프로그램을 평가하면서, 세상을 바꾸겠다는 의도가 강할 때 교회가 교만해진다는 점을 지적했습니다.[2]

결국 목회자(선교사)와 교회 공동체가 겸손하게, 그리고 철저하게 그리스도의 명령을 실천하는 것이 우선입니다. 이 방식이 지나치게 소박하고 답답해 보이십니까? 각자의 삶에서, 우리의 공동체에서 섬김과 나눔을 철저하게 실천하는 것은 그 어떤 사회 운동보다 훨씬 더 어려운 일입니다. 그 일을 초대교회가 했고, 그 이후의 역사는 그들의 길이 옳았음을 보여 줍니다. 우리를 위해서 목숨을 주신 그리스도를 본받아, 우리도 섬김의 실천을 통해서 끊임없이 낮아지는 삶을 살며, 내게 소중한 것을 이웃과 나누는 공동체가 되어야 합니다.

그분의 백성의 자리로

2010년에 케이프타운에서 모였던 제3차 로잔대회 마지막 날의 주제는 "그리스도인 지도자들의 정직성"이었습니다. 여기서 크리스토퍼 라이트는 그리스도인들이 주의해야 할 세 가지 우상으로 '권력, 성공, 욕심'을 꼽았습니다. 그는 안타깝게도 많은 지도자들이 이 우상에 빠져 있으며 그 결과 "믿음과 사랑과 정직성이 없어졌고, 복음을 전하고자 하는 노력이 실패하고 있다"라고 지적했습니다.

오늘날 우리의 선교가 실패하고 있다면, 비단 환경이 어려워서만은 아닐 것입니다. 사도행전은 우리가 상상하기 힘들 정도로 척박한 환경에서 이루어진 역사입니다. 문제가 있다면 인간이 이룬 작은 성공에 취해서 하나님의 큰 역사를 놓친 우리들입니다. 라이트는 이 자리에서 그분의 백성(HIS People)인 그리스도인들이 '겸손, 정직, 단순함'(Humility, Integrity, Simplicity)의 자리로 돌아와야 한다고 촉구했습니다.

겸손한 성령께서 우리에게 은혜 주셔서, 그분의 백성다운 태도를 갖기 원합니다. 그래서 부족한 우리를 통해서 "하나님의 말씀은 흥왕하여 더하[는]" 역사가 일어나기를 기대합니다.

샬롬

8
샬롬, 선교의 목적

너희는 내가 사로잡혀 가게 한 그 성읍의 평안을 구하고
그를 위하여 여호와께 기도하라.
이는 그 성읍이 평안함으로 너희도 평안할 것임이라.
(렘 29:7)

선교가 단순히 교회를 세우거나 개인의 영혼을 구원하는 데 그치지 않고
피조세계 전체를 본래의 의도대로 회복하시는 하나님의 행동이라면
그 목표를 가장 간결하게 표현하는 말은 '샬롬'일 것입니다.

하나님은 우리를 앞서가십니다. 그러다 보면 하나님과 우리의 보폭 차이가 클 때가 있습니다. 역사의 격변기입니다. 격변기는 대체로 위기의 때이며, 혼란의 때이기도 합니다. 예루살렘이 바빌론에게 멸망하기 직전도 그런 때였습니다. 이때 선지자 예레미야가 이런 명령을 했습니다.

> 만군의 여호와 이스라엘의 하나님께서 예루살렘에서 바벨론으로 사로잡혀 가게 한 모든 포로에게 이와 같이 말씀하시니라. 너희는 집을 짓고 거기에 살며 텃밭을 만들고 그 열매를 먹으라. 아내를 맞이하여 자녀를 낳으며 너희 아들이 아내를 맞이하며 너희 딸이 남편을 맞아 그들로 자녀를 낳게 하여 너희가 거기에서 번성하고 줄어들지 아니하게 하라. 너희는 내가 사로잡혀 가게 한 그 성읍의 평안을 구하고 그를 위하여 여호와께 기도하라. 이는 그 성읍이 평안함으로 너희도 평안할 것임이라. (렘 29:4-7)

초강대국 바빌론의 공격을 받았지만, 이스라엘 사람들은 끝까지 희망을 잃지 않으려 했습니다. 이전에도 하나님이 신비한 방법으로 강대국 앗시리아의 손에서 자신들을 구해 주신 적이 있었기 때문입니다(대하 32:21-23). 바빌론으로 먼저 사로잡혀 간 사람들도 하나님이 특별히 아끼시는 도시 예루살렘의 멸망에 대해 혼란스러워했을 것입니다. 그들은 하루빨리 이런 비정상적인 상황이 종료되고, 고향으로 돌아가기를 기대했을 것입니다. 그러나 예레미야는 바빌론에 가서 집을 짓고, 농사를 짓고, 결혼하고, 자녀를 낳고, 그 자녀들이 장성하여 결혼하기까지 거기에서 살라고 말합니다. 이는 받아들이기 힘든, 상상하기도 싫은 상황이었을 것입니다.

예레미야는 그뿐 아니라 너희들을 사로잡아 간 그 성읍의 평안을 구하라고 합니다. 그 성읍은 바빌론입니다. 악의 화신이라고 해도 좋은 적국입니다. 예레미야 당시 이 말을 들은 사람들의 기분이 어땠을까요? 지금은 이 내용이 성경에 기록되어 있기 때문에 하나님의 말씀으로 받아들이지만, 예레미야가 이 말을 했을 당시에는 '매국노'라는 소리를 들을 만했을 것입니다.

그 당시 유대인들은 언제까지 포로 생활을 해야 할지, 자신들이 고국으로 언제 돌아가게 될지에 관심이 많았습니다. 그런데 하나님은 이보다는 그들이 바빌론에서 어떻게 살지, 왜 그들이 거기까지 갔는지 생각하라고 하셨습니다. 마침내 바빌론 포로 생활이 끝났을 때도 고향으로 돌아간 사람들보다 바빌론에 남은 사람, 혹은 이집트를 포함하여 페르시아 제국 각지로 흩어진 사람들이 훨씬 더 많았습니다.

그 이후 유대인의 역사는 팔레스타인에 정착해 사는 유대인이 아닌 '디아스포라' 유대인의 역사라고 할 수 있습니다. 정착민보다 디아스포라 인구가 압도적으로 많았습니다. 기독교의 모태를 형성한 이들도 디아스포라 유대인들이었습니다. 만약 디아스포라 유대인들에게 현지인들하고 섞이지 말고, 그 문화에 동화되지 말고 살라는 명령만 존재했다면 어떻게 되었을까요? 다니엘이 바빌론의 총리가 되고, 에스더가 페르시아의 왕비가 되는 일은 불가능했을 것입니다. 적대적인 환경에서, 그 사회에 적극적으로 참여하면서도 하나님 백성의 정체성을 유지하며 사는 것은 쉽지 않은 과제였습니다.

1세기 그리스도인들의 이중 충성

유대인들은 자신들의 신앙적·문화적 정체성을 지키는 데 대단히 고집스러웠지만, 동시에 그 어떤 민족들보다 낯선 땅에서 탁월한 적응력을 보였습니다. 그들의 강직한 정체성을 대표하는 말씀이 바로 신명기에 기록된 셰마(שמע)입니다.

> 이스라엘아, 들으라. 우리 하나님 여호와는 오직 유일한 여호와이시니 너는 마음을 다하고 뜻을 다하고 힘을 다하여 네 하나님 여호와를 사랑하라. 오늘 내가 네게 명하는 이 말씀을 너는 마음에 새기고 네 자녀에게 부지런히 가르치며 집에 앉았을 때에든지 길을 갈 때에든지 누워 있을 때에든지 일어날 때에든지 이 말씀을 강론할 것이며

너는 또 그것을 네 손목에 매어 기호를 삼으며 네 미간에 붙여 표로 삼고 또 네 집 문설주와 바깥 문에 기록할지니라. (신 6:4-9)

이 말씀에 대한 철저한 순종은 거듭되는 이산과 박해 속에서도 유대인들의 정체성을 지키게 했습니다. 반면에 유대인들의 남다른 적응력은 예레미야 29:4-7에 빚진 바 큽니다. 이 말씀을 제2의 셰마라 해도 과언이 아닐 것입니다. 이 말씀은 디아스포라들이 이방 땅에 적응하며 살 수 있는 가능성을 열었습니다.

로마 제국 초기에 제국의 각 지역에 흩어져 살던 유대인 디아스포라들은 성전이 있는 예루살렘을 늘 마음의 중심에 두었지만, 자신이 살고 있는 도시의 삶에 뿌리를 내리고 참여하는 일에도 가치를 부여했습니다. 이집트 대도시 알렉산드리아에 살던 유대인 지식인 필론(Philon)의 저작은 이런 '이중 충성'(double loyalty)의 자세를 잘 보여 줍니다.[1]

신약학자 브루스 윈터(Bruce Winter)가 『그 성읍의 평안을 구하라』(Seek the Welfare of the City)라는 책을 썼습니다.[2] 이 책이 "그레코-로만 세계의 1세기 그리스도인들"(First-Century Christians in the Greco-Roman World) 시리즈에 속했다는 사실이 의미심장합니다. 이는 곧 1세기 그리스도인들이 이방의 도시들 속에서 살아간 삶의 태도를 가장 잘 보여 주는 말이 "그 성읍의 평안을 구하라"라는 구약의 말씀임을 의미합니다.

셰마의 배타적 일신론과 예레미야 29장의 적극적 참여의 DNA는 기독교에 그대로 전해졌습니다. 그리스도인들은 이 두 전통을 이어받았을 뿐 아니라 훨씬 더 급진적으로 실천했습니다. 예수 그리스도의 유일성을 타협하지 않는 일에 더 철저했으며, 사회의 공적 영역에 참여하고 기여하는 일에도 적극적이었습니다.

'평화'의 시대에 태어난 진정한 평화

누가복음 2장은 예수님 탄생의 이야기를 전하면서 "그때에 가이사 아구스도가 영을 내려 천하로 다 호적하라 하였으니"(눅 2:1)라는 말로 시작합니다. 여기에는 단순한 연대기 이상의 의미가 있습니다.

인류 역사를 통틀어 볼 때, 한 사람이 명령해서 천하가 다 움직였던 예가 있었나요? 여기서 "천하"로 번역된 헬라어 '오이쿠메네'(οἰκουμένη)는 '거주 가능한 모든 지역'(the inhabited world)을 가리킵니다. 이때는 천하가 하나의 체제 아래 통일되고, 한 사람의 명령에 의해서 모든 사람이 움직이는 시대, 역사상 한 번도 없었던 '평화'의 시대였습니다. '팍스 로마나'(Pax Romana) 곧 '로마의 평화'는 폭압적인 권력으로 지배했던 이전의 바빌론과는 달리, 강력한 문화적 흡인력을 가진 제국의 이데올로기였습니다. 많은 나라와 민족들이 앞다투어 로마를 닮기를 원했고, 도시들의 외양도 급격히 작은 로마가 되어 가던 시기였습니다. 그러한 세계에서 황제 아우구스투스의 탄생은 세상의 "복음"이라 명명되었습니다.

그런데 그 시대에 태어난 아기 곧 예수님에 대해 누가복음은 이렇게 말합니다.

'지극히 높은 곳에서는 하나님께 영광이요 땅에서는 하나님이 기뻐하신 사람들 중에 평화로다' 하니라. (눅 2:14)

태어날 아기가 세상에 평화를 가져올 것이라는 선언은 제국이 선전하고 있는 평화가 참 평화가 아니라는 말입니다. 이는 국가 이데올로기에 대한 정면 도전입니다.

사도행전에서 발견되는 흥미로운 주제 중 하나는 사도 바울의 로마 시민권 문제입니다. 바울이 자신의 서신들에서 로마 시민권을 전혀 언급하지 않고 있기 때문에, 회의적인 학자들은 바울이 로마 시민권을 소유했다는 사실 자체를 의심하기도 합니다. 사도행전에서도 바울은 자신이 가진 시민권에 대해 좀처럼 이야기하지 않습니다. 빌립보에서 매를 맞고 감옥에 갇혔을 때도 자기가 로마 시민임을 밝히지 않습니다. 그러다가 감옥에서 놓여나는 장면에서 시민권에 대한 언급이 등장합니다.

간수가 그 말대로 바울에게 말하되 '상관들이 사람을 보내어 너희를 놓으라 하였으니 이제는 나가서 평안히 가라' 하거늘 바울이 이르되 '로마 사람인 우리를 죄도 정하지 아니하고 공중 앞에서 때리고 옥에 가두었다가 이제는 가만히 내보내고자 하느냐? 아니라. 그들이 친히 와서 우리를 데리고 나가야 하리라' 한대. (행 16:36-37)

바울이 애초에 자신이 로마 시민임을 밝혔다면, 투옥도 구타도 당하지 않았을 텐데 하는 질문이 떠오르지 않습니까? 사도행전의 서사 안에서 로마 시민권은 대단히 중요한 기능을 합니다. 바울이 로마에 도착하는 것이 이야기의 절정인데, 바울이 로마까지 갈 수 있었던 것은 시민권이 있었기 때문입니다. 바울은 꼭 필요한 경우에는 활용하되, 자신의 로마인 됨을 가급적 내세우지 않으려는 듯한 입장을 보입니다. 바울의 시민권에 대한 이와 같은 입장은 로마적 가치에 대한 사도행전의 태도를 확인할 수 있는 하나의 창입니다.

그런데 그런 바울이 자신의 로마 시민권을 밝히는 계기가 "이제는 나가서 평안히 가라"(36절)라는 말을 들었을 때라는 점이 의미심장합니다. "평안"은 헬라어로 '에이레네'(εἰρήνη), 히브리어로는 '샬롬'(שלום)입니다. 라틴어로는 '팍스(pax)로, 로마 제국 제일의 프로파간다였던 '팍스 로마나'의 핵심 단어입니다. 로마는 자신들이 세상에 평화를 가져왔다고 자부했습니다. 그러나 로마가 말하는 이 평화는 무력에 의해서 통일을 이루고, 로마의 법으로 질서를 유지해 가는 평화였습니다. 로마 시민이 로마의 법에 의해 보호받는 것은 이 세계의 기본적 가치였습니다. 그런데 적법한 절차도 거치지 않고 사람을 구타하고 구금해 놓고 '평화'를 말하는 이 장면은 '팍스 로마나'의 한계를 선명하게 보여 줍니다. 전신에 멍이 들고 피를 흘리는 로마 시민 앞에서 '평화'라는 말은 얼마나 부조리한가요?

사도행전은 극단적인 혼란에 대한 로마의 대책, 법질서와 무력이 어느 정도의 제어장치가 됨을 인정하면서도(행 18:12-15; 19:35-41; 23:12-35), 로마의 질서가 참 평화를 가져올 수 없음을 분명히 하고 있습니다. 누가복음 2장에서 "땅에서는…평화"라고 선언한 이래, 이 땅에 참 평화를 가져올 진정한 '복음'은 무엇인가라는 질문은 누가복음-사도행전 전체에 계속 이어지는 살아 있는 질문입니다. 로마는 평화라는 목표를 설정하고, 그 성취를 요란하게 선전하고 있으나, 그 이상에 이르지 못했습니다. 이와 달리, 우리는 그리스도와 그분께 속한 공동체가 어떻게 평화를 이루고 있는지 주목해 보라는 메시지를 사도행전에서 발견할 수 있습니다.

인간의 샬롬을 위한 하나님의 나라

주전 2세기에 70인역이 번역되면서 히브리어 '샬롬'을 헬라어 '에이레네'로 번역했습니다. 신학자 니콜라스 월터스토프(Nicholas Wolterstorff)는 '샬롬'이 '에이레네'로 바뀌면서 의미의 축소와 왜곡이 일어났다고 합니다. 헬라어 '에이레네'는 "전쟁이냐, 평화냐"라고 하는 그리스 세계의 고전적 주제였습니다. 이때의 평화는 기본적으로 전쟁이 없는 상태, 가시적 갈등이 없는 상태를 말합니다. 그러나 히브리어의 '샬롬'은 이보다 훨씬 더 넓고 깊은 개념입니다.

'샬롬'은 기독교의 선교와 사회적 태도를 형성하는 핵심 가치였습니다. 예수님은 제자들을 각 마을에 보내시면서, 가는 곳마다 "하나님의 나라"를 선포하고 '샬롬'을 빌라고 하셨습니다(마 10:7, 12). 또 요한복음에서 부활하신 예수님이 제자들을 세상에 보내시는 선언은 선교적 교회 신학의 초석입니다.

> 예수께서 또 이르시되 '너희에게 평강이 있을지어다. 아버지께서 나를 보내신 것같이 나도 너희를 보내노라.' (요 20:21)

여기서도 선교는 '샬롬'과 연결되어 있습니다. 선교가 단순히 교회를 세우거나 개인의 영혼을 구원하는 데 그치지 않고 피조세계 전체를 본래의 의도대로 회복하시는 하나님의 행동이라면, 그 목표를 가장 간결하게 표현하는 말은 '샬롬'일 것입니다.

그 샬롬은 단순히 갈등이나 전쟁이 없는 '에이레네'를 말하는 것이 아니라 훨씬 더 포괄적인 개념입니다. 월터스토프는 인간이 맺는 모든 관계—하나님과, 이웃과, 피조세계와 그리고 자기 자신과—가 적절하고 그 안에서 기뻐할 수 있는 상태가 '샬롬'이라고 설명하면서, 자신이 번역자라면 '샬롬'을 'flourishing'으로 번역하겠다고 합니다.[3] 이 단어는 번성, 꽃이 활짝 핀 상태를 가리킵니다. 곧 하나님이 주신 개개인의 잠재력이 활짝 피어나는 삶을 의미할 것입니다. 물가에 심긴 나무가 시절을 따라 풍성한 과실을 맺는 상태(시 1편), 예수님이 약속하신 "풍성한 생명"(요 10:10)을 떠올리면 됩니다. 신학자 미로슬라브 볼프도 기독교는 인간의 번영에 기여해야 한다며 'flourishing'을 제안합니다.

그런데 이 단어는 오해의 여지가 있습니다. 특히 번영 신학의 'prosperity'와 거의 동의어이기 때문에 도입하기가 조심스럽습니다. 번영 신학은 경제적 윤택함과 사회적 성공을 하나님의 복과 동일시했습니다. 우리는 이러한 오해를 경계해야 합니다. 그러나 그리스도의 샬롬은 삶의 모든 차원에 미쳐야 한다는 사실 또한 유념해야 합니다. 다시 말해, 물질적인 삶의 안정을 아예 배제하는 것도 적절하지 않습니다.

> 만일 형제나 자매가 헐벗고 일용할 양식이 없는데 너희 중에 누구든지 그에게 이르되 '평안히[샬롬] 가라, 덥게 하라, 배부르게 하라' 하며 그 몸에 쓸 것을 주지 아니하면 무슨 유익이 있으리오? (약 2:15-16)

우리가 '샬롬'을 말하면서 먹고사는 문제, 정치적 억압의 문제,

환경 파괴의 문제, 소외와 외로움의 문제, 인간의 자유를 심각하게 억압하는 중독의 문제를 제외한다면, 우리의 믿음이 과연 산 믿음이라 할 수 있을까 의심해 보아야 합니다. 월터스토프는 "네 이웃을 네 자신과 같이 사랑하라"라는 말은 "네 이웃의 삶이 모든 면에서 번성하기를 추구하라"라는 말로 바꿀 수 있다고 주장합니다.

우리는 죄와 사망으로부터의 자유와 개인적 회심이라는 중심을 유지하면서, 그 해방의 총체적 차원을 함께 포괄할 수 있는 신학적 시야를 가져야 합니다. 케이프타운 서약은 '분열되고 깨어진 세상 속에서 그리스도의 평화를 이루기'를 중요한 과제로 설정하면서 다음과 같은 항목들을 제시하고 있습니다.

1. 그리스도께서 이루신 평화
2. 종족 갈등 속의 그리스도의 평화
3. 가난하고 억압받는 자들을 위한 그리스도의 평화
4. 장애인들을 위한 그리스도의 평화
5. 에이즈를 앓는 사람들을 위한 그리스도의 평화
6. 고통받는 창조세계를 위한 그리스도의 평화.[4]

이처럼 우리는 그리스도의 샬롬이 절실히 필요한 영역들에 대해 논의하고, 사회 전체를 향한 장기적인 비전뿐 아니라 당장의 실천을 위한 섬세한 계획을 세워야 합니다.

누가복음 2장에서 약속된 샬롬, 그리고 4장에서는 희년이라는 말로 선포된, 이스라엘의 긴 역사 속에서 하나님이 보여 주신 해방이 이제 새로운 하나님의 백성인 교회 안에서 어떻게 나타나는가를 살펴보겠습니다.

나눔으로 이루는 샬롬 공동체

사도행전은 성령 강림으로 인해 탄생한 공동체의 모습을 아름답게 묘사하고 있습니다.

> 사람마다 두려워하는데 사도들로 말미암아 기사와 표적이 많이 나타나니 믿는 사람이 다 함께 있어 모든 물건을 서로 통용하고 또 재산과 소유를 팔아 각 사람의 필요를 따라 나눠 주며 날마다 마음을 같이하여 성전에 모이기를 힘쓰고 집에서 떡을 뗄 때며 기쁨과 순전한 마음으로 음식을 먹고 하나님을 찬미하며 또 온 백성에게 칭송을 받으니 주께서 구원받는 사람을 날마다 더하게 하시니라. (행 2:43-47)

이 공동체의 모습이 아름다운 만큼 그 현실성에 대한 의심도 많았습니다. 어떤 이들은 유무상통(有無相通)의 공동체는 초대교회의 임박한 종말에 대한 기대하에서 형성된 예외적인 현상이었다고 말합니다. 그러나 기독교 2천 년의 역사를 보면, 예수님의 정신을 따라 함께 생활하고 소유를 나누어 갖는 공동체는 계속해서 이어져 왔습니다.

성경은 그 어떤 주제보다 돈의 사용에 대한 권면을 많이 다루고 있습니다. 구약의 율법은 가난한 자들을 돕고 함께 살아가는 사회를 만드는 비전을 제시하고 있습니다. 선지서는 이러한 비전에서 이탈한 사회의 탐욕을 가차 없이 비판하며, 성문서 역시 부의 적절한 사용이라는 주제를 끊임없이 강조합니다. 예수님은 물질(맘몬)과 하나님을 정면 대결시켜서 중간 지대를 없애 버리실 정도로 이 명령을 급진화하셨습니다.

> 한 사람이 두 주인을 섬기지 못할 것이니 혹 이를 미워하고 저를 사랑하거나 혹 이를 중히 여기고 저를 경히 여김이라. 너희가 하나님과 재물을 겸하여 섬기지 못하느니라. (마 6:24)

재물은 우리의 마음에서 하나님보다 더 높은 위치를 차지하려는 우상입니다. 바울은 "탐심은 우상 숭배"(골 3:5)라고 했습니다. 십계명의 첫 계명은 우상 숭배에 대한 배격이고, 마지막은 탐심에 대한 경고라는 점을 볼 때 신약과 구약이 재물에 대해 일치된 견해를 가지고 있음을 알 수 있습니다. 어부들은 '배와 그물을 버려두고'(마 4:20-22) 예수님을 따라나서며 제자가 되었고, 부자 청년은 모든 것을 버리고 예수님을 따를 것을 요구받았습니다(눅 18:18-23).

물론 모든 사람이 똑같은 요구를 받은 것은 아닙니다. 때와 상황에 따라 신앙 공동체들은 서로 다르게 예수님의 말씀을 준행했습니다. 그러나 물질의 사용이 한 분 하나님을 섬기는 신앙과 분리될 수 없다는 인식은 성경 전체의 일관된 증언입니다. 따라서 사도행전의 초반에 나오는 소유를 나누는 공동체가 초대교회의 특수한 상황에서 일시적으로만 존재했던 방식이며, 지금 우리와는 별 상관이 없는 기록으로 보는 것은 오류입니다.

초대교회의 나눔은 자발적이었습니다. 모든 소유를 공동으로 해야 한다는 어떤 제도를 만든 것이 아니었습니다. 그들은 할 수 있는 만큼 기쁨 가운데 나눴습니다(행 4:32-37; 5:4). 그 역사는 초대교회, 신약성경 그리고 교회의 이어지는 2천 년 역사에서 끊임없이 계속되고 있습니다.

가난한 자들을 기억하라

신약성경을 연구하는 이들에게 중대한 질문 중 하나는 '예수와 바울의 관계'입니다. 바울이 예수님의 선포와 그분의 삶과 죽음의 의미를 제대로 전하고 있는 것인지, 아니면 자기 나름의 신학으로 예수님의 복음을 이탈했는지에 대한 논쟁이 있습니다. 이런 문제가 야기되는 하나의 이유는 바울이 예수님에 대해서는 많이 얘기하면서도, 예수님이 하신 말씀을 직접 인용하는 경우는 드물다는 사실에 있습니다. 그런 점에서 바울이 밀레도에서 전한 고별 설교의 결론에 주목할 필요가 있습니다.

> 범사에 여러분에게 모본을 보여 준 바와 같이 수고하여 약한 사람들을 돕고 또 주 예수께서 친히 말씀하신바 '주는 것이 받는 것보다 복이 있다' 하심을 기억하여야 할지니라. (행 20:35)

"주는 것이 받는 것보다 복이 있다"는 바울이 명시적으로 예수님의 말씀을 인용하는 거의 유일한 대목입니다. 그가 밀레도에서 한 연설은 사도행전 독자의 입장에서도 대단히 중요한 위치에 놓여 있습니다. 특히 그 말씀의 결론이 경제생활에 관한 내용이라는 점이 중요합니다.

갈라디아서 2:1-10에서 바울은 이방인들에게 복음을 전하는 것이 유대인 교회와의 갈등으로 번질 뻔했다가 관계가 봉합되는 장면에 대해 말합니다. 그때의 만남에서 자신들은 이방인을 대상으로 전도하기로 하고, 예루살렘의 사도들은 "할례자"들을 전도하기로 했다는 합의사항을 전하면서 이렇게 결론을 맺습니다.

다만 우리에게 가난한 자들을 기억하도록 부탁하였으니 이것은 나도 본래부터 힘써 행하여 왔노라. (갈 2:10)

이 대목을 '예루살렘 교회를 위해서 이방인들의 교회가 헌금하라'는 말로 읽을 수 있는 가능성이 있습니다. 혹 그 내용이 이 합의의 중요한 부분이었다고 하더라도, 그것이 '가난한 자를 기억하라'는 일반적인 권면으로 표현되었다는 사실을 간과해서는 안 됩니다. 바울이 직접 인용한 유일한 예수님의 말씀(행 20:35), 유대인 교회와 이방인 교회의 주요 합의사항(갈 2:10) 모두가 경제적인 태도에 관한 것이라는 사실은 우연이 아닙니다. 물질의 사용을 하나님의 뜻에 맞게 하는 일은 예수님의 정신을 따르는 일에서 가장 핵심에 해당한다는 인식이 초대교회에 든든히 자리 잡고 있었다고 보아야 합니다.

이는 성경 전체에서 가장 중심적인 주제이기도 합니다. 사도행전 2-4장에 나오는 공동체의 나눔은 그 정도에 있어서 모범적이었지만, 결코 예외적인 현상은 아니었습니다. 누가복음-사도행전 전반에 걸쳐서 탐욕을 물리치라는 권면(눅 12:15), 가난한 자들에 대한 관심이 강조되고 있기 때문입니다(눅 4:18; 6:20; 14:13; 21:2).

그런데 사도행전 2-4장에서 이상적인 출발을 보여 주었던 하나님의 백성 공동체는 5-6장에 가면 흔들리는 모습을 보입니다. 외부의 박해 때문이 아니었습니다. 박해는 오히려 공동체가 하나

되어 열정적으로 주님을 의지하게 만들었습니다(행 4:19-31). 공동체에 생겨난 균열은 다름 아닌 경제적 문제 때문이었습니다.

사도행전 5장에는 아나니아와 삽비라라는 부부가 자신의 전 재산을 바치는 것처럼 속인 사건이 등장하고, 6장에는 교회가 가난한 이들에게 지급하는 생활보조금의 형평성에 대한 시비가 나옵니다. 교회를 흔들리게 한 두 사건이 다 경제적인 문제와 관련이 있다는 것은 물질을 제대로 다루는 일이 그만큼 어려우며, 우리의 성화(聖化)에 핵심적인 일임을 보여 줍니다. 이 문제는 또한 인정받고 싶은 욕망, 자기중심적으로 판단하고 주장하는 인간의 한계와 죄성을 드러냅니다.

심지어 좋은 의도로 모금하고 헌금을 하는 일에도 그 분배와 실행에 있어서 언제나 시비가 있을 수 있다는 것을 우리도 경험으로 알고 있습니다. 그러나 이러한 어려움이 있다고 해서 이웃을 돕고 서로의 필요를 돌보는 일을 멈추어서는 안 됩니다. 그것은 "주는 것이 받는 것보다 복이 있다" 하신 예수님의 명령을 저버리는 것입니다. 초대교회는 이런 일을 겪으면서 하나님 앞에서 정직의 중요성을 배워야 했고, 또 이를 해결하기 위한 적절한 제도를 갖추어야 했습니다. 이 문제는 다음 장에서 교회의 '거버넌스'와 함께 다루겠습니다.

사도행전 9장에서는 다비다라는 여제자의 구제와 서로 돌보는 삶이 아름답게 묘사됩니다.

욥바에 다비다라 하는 여제자가 있으니 그 이름을 번역하면 도르가라. 선행과 구제하는 일이 심히 많더니…베드로가 일어나 그들과 함께 가서 이르매 그들이 데리고 다락방에 올라가니 모든 과부가 베드로 곁에 서서 울며 도르가가 그들과 함께 있을 때에 지은 속옷과 겉옷을 다 내보이거늘. (행 9:36-39)

이어지는 10장에 등장하는 고넬료도 처음부터 "백성을 많이 구제"(행 10:2)하는 사람으로 소개되고 있습니다. 반면에 복음으로 변화될 필요가 있는 세상은 돈을 주고 성령을 사려 한다든지(8:18-25), 한 인간이 귀신에게서 해방되는 것보다 경제적 이익을 더 소중히 여긴다든지(16:19), 종교적 헌신과 애국적 구호 뒤에 경제적 동기를 감추고 있는 사람들의 모습으로 나타납니다(19:24-28).

샬롬을 이루는 교회

사도행전은 평화롭지 못한 세상의 모습을 끊임없이 묘사합니다. 이 세상의 폭력적 구조는 정치뿐 아니라 사회와 문화를 비롯해 개인의 사고에도 복합적으로 작용합니다. 누가복음 2장은 로마 제국이 선전하는 '평화'와 그리스도의 '샬롬'을 대비합니다. 그러나 로마 제국이라는 현실 정치권력을 무너뜨리는 것으로 샬롬을 이룰 수 있을 것이라 말하지 않습니다. 세상 전체의 샬롬을 시야에 넣고 있으면서, 교회가 우선 할 일은 그들의 삶에서 샬롬을 실천하는 것이었습니다.

교회는 함께 모여 하나님을 예배하고 서로 섬김과 나눔의 삶을 실천하는 공동체입니다. 이 실천은 섬김받기 원하는 인간의 교만과 자기중심성, 끊임없이 움켜쥐려고 하는 탐욕에 대한 저항입니다. 이는 성경이 말하는 가장 치열하고 본질적인 싸움이었습니다. 이 싸움에 비하면 복음을 핍박하는 공권력에 대한 저항은 오히려 쉬운 것이었습니다.

사도행전에 묘사된 초기 공동체는 희년 공동체라 할 수 있습니다. 구약에서 희년을 포함한 율법은 하나님의 백성들 가운데 먼저 실천되어야 했고, 하나님의 뜻을 살아 내는 공동체가 세상에 빛이 되어 하나님의 영광을 드러내야 했습니다. 그것이 아브라함과 그 자손들을 이스라엘로 부르신 이유이며, 오늘 우리를 교회로 세우신 뜻입니다. 교회로 부름받아 그리스도의 샬롬을 이루는 것, 이것이 곧 하나님의 선교입니다.

에클레시아

9
세상의 에클레시아, 하나님의 에클레시아

교회는 그의 몸이니
만물 안에서 만물을 충만하게 하시는 이의 충만함이니라.
(엡 1:23)

우리가 하나님의 교회로서 부름받은 자리에서 신실하게 순종한다면
하나님은 우리를 통해 자신의 뜻을 세상에 나타내시고
세상을 변화시키실 것입니다.

기독교는 처음에는 예수님을 증거하고 따르는 '운동'으로 시작되었습니다. 그리고 이 운동을 지속적으로 해 나가기 위해서 '제도'가 도입되기도 했습니다. 적절한 제도는 운동을 보호하지만, 제도 자체가 목표가 될 때 경직되거나, 운동이 본래 지향하는 목표에 걸림이 될 수도 있습니다. 사도행전에서 제도가 도입되고 확립되는 과정을 보면서 하나님 나라 운동의 본질을 고민해 볼 수 있습니다. 사도행전 15장에는 기독교 역사 최초로 세계적 차원의 회의가 등장합니다. 여기에 '에클레시아'라는 말을 쓰는데, 이는 19장에 나오는 에베소의 에클레시아와 선명한 대조를 이룹니다. 에베소는 신약 전체에서, 특별히 사도행전에서 중요한 도시이기에 자세히 들여다볼 필요가 있습니다.

우리는 누가복음과 사도행전이 어디서 기록되었는지 알 수 없습니다. 그러나 그 글이 어디서 쓰였는가와는 관계없이, 사도행전을 읽어 보면 사도행전 전체가 혹은 사도행전에 담긴 전승의 상당 부분이 에베소와 깊은 관련이 있음을 알 수 있습니다. 바울은 에베소 장로들과 밀레도에서 작별합니다. 이 장면은 바울 인생 전체를 정리하는 듯한 느낌을 줍니다. 마치 독자들이 에베소 근처 지역에서 바울을 환송하는 듯한 분위기를 상상하게 합니다. 사도행전의 독자에게 가장 감정이입하기 좋은 위치는 에베소의 해안이라 할 수 있겠습니다. 권수를 기준으로 세면 바울은 신약의 절반을 기록했습니다. 분량으로 보면 누가복음과 사도행전이 신약에서 가장 깁니다. 그런데 바울 서신과 누가복음-사도행전 모두가 에베소와 깊은 관련이 있습니다. 에베소는 바울이 가장 오래 머무르며 선교한 곳이자, 가장 큰 부흥과 가장 심각한 반대를 경험했던 곳입니다. 요한복음, 요한1·2·3서, 요한계시록도 에베소 지역에서 유래되었습니다. 디모데전·후서도 에베소에 있던 디모데에게 보낸 편지입니다. 그렇다면 에베소는 신약과 관련하여 가장 중요한 도시일 수 있습니다.

에베소에서 바울은 회당에 들어가 전도하다가 쫓겨나자 두란노 서원에서 말씀을 전했습니다.

> 어떤 사람들은 마음이 굳어 순종하지 않고 무리 앞에서 이 도를 비방하거늘 바울이 그들을 떠나 제자들을 따로 세우고 두란노 서원에서 날마다 강론하니라. 두 해 동안 이같이 하니 아시아에 사는 자는 유대인이나 헬라인이나 다 주의 말씀을 듣더라. (행 19:9-10)

이곳에서 바울은 선교의 영역이 비약적으로 확장되는 것을 경험합니다. 회당을 떠났지만, 유대인들은 배제되지 않았습니다. 헬라인들도 함께 말씀을 듣습니다. 아시아 전역에 복음의 영향이 미쳤습니다. 인종적 경계가 허물어지고, 복음이 지리적으로 확장됩니다.

바울이 말 타고 아시아 전역을 순회한 게 아닙니다. 그는 에베소의 두란노 서원이라는 한 지점에서 매일 성경을 강론했을 뿐입니다. 에베소는 국제도시였고, 소아시아 지역의 메트로폴리스, '어머니 도시'였습니다. 많은 사람이 오가는 교차점이자 무역과 교통과 문화의 중심지였습니다. 여기서 바울은 메트로폴리스의 선교적 중요성을 발견합니다. 에베소에서 부흥을 경험한 후에 바울에게는 "로마도 보아야 하리라"(행 19:21)라는 비전이 형성됩니다.

예수님이 땅끝까지 가라고 하셨지만, 사도들은 오랫동안 예루살렘에 머물렀습니다. 선교적 열정으로 가득 차 종횡무진하던 바울조차도, 초기에는 마케도니아에도 가지 않으려고 했습니다. 그러나 소아시의 중심인 에베소라는 도시의 전략적 중요성을 깨달으면서 로마가 시야에 들어왔습니다. 에베소에서 전도하니 온 아시아가 복음을 들었는데, 세계의 중심인 로마에 가서 전도하면 세계 전체가 복음을 들을 수 있지 않을까 하는 생각이 든 것입니다.

우리에게 있는 신약성경의 상당수는 로마, 고린도, 데살로니가 등 당시 도시들의 이름으로 기억됩니다. 사도 바울이 도시를 중심으로 말씀을 전했기 때문입니다. 바울의 교회를 규정할 때 무엇보다 도시라고 하는 삶의 자리를 주목해야 합니다. 20세기 신약학을 대표하는 역작인 웨인 믹스(Wayne Meeks)의 『1세기 기독교와 도시 문화』(The First Urban Christians, IVP)에서도 '도시'를 주목합니다.

이와 같이 초기 기독교는 '도시적 현상'(urban phenomenon)이었습니다. 복음의 이야기를 전하고 표현하는 방식이 도시를 살아가는 사람들에게 맞추어져 있었습니다. 예레미야의 권면도 '그 도시의 샬롬을 추구하라'였던 것을 기억하십시오.

에클레시아의 이상과 현실

오늘날의 터키 지역은 고대에는 '아나톨리아'라 불렸고, 로마의 속주로서는 '소아시아'에 해당했습니다. 아나톨리아의 서남부 지역은 '이오니아'라 불렸습니다. 건축 양식에서 이오니아식은 중요한 축을 차지합니다. 탈레스(Thales), 아낙시만드로스(Anaximandros), 헤라클레이토스(Heraclitos) 등으로 대표되는 '이오니아학파'는 밀레도(밀레투스) 중심의 자연학파로, 서양 철학사의 첫 페이지에 등장할 만큼 중요한 철학자들입니다. 에베소는 바로 이 지역의 중심 도시였습니다. 그리스 전통의 자부심이 어느 곳보다 강했던 도시였지요.

그런데 예레미야 시대의 바빌론이 유대인들에게 적대적인 공간이었듯이, 초대교회 당시 아시아의 에베소는 사도들에게 위험한 도시였습니다. 바울은 이렇게 전합니다.

내가 사람의 방법으로 에베소에서 맹수와 더불어 싸웠다면 내게 무슨 유익이 있으리오? 죽은 자가 다시 살아나지 못한다면 '내일 죽을

터이니 먹고 마시자' 하리라. (고전 15:32)

형제들아, 우리가 아시아에서 당한 환난을 너희가 모르기를 원하지 아니하노니 힘에 겹도록 심한 고난을 당하여 살 소망까지 끊어지고 우리는 우리 자신이 사형 선고를 받은 줄 알았으니…. (고후 1:8-9)

이런 표현으로 볼 때, 바울은 다른 도시들보다 에베소에서 훨씬 강한 핍박을 받았음을 알 수 있습니다. 바울이 에베소를 떠나며 교회의 장로들과 작별인사를 할 때, 에베소까지 가지 못하고 인근 도시 밀레도로 장로들을 불러서 만난 것을 보면 그 위험의 정도를 짐작할 수 있습니다.

바울에 대한 핍박은 데메드리오라는 사람이 이끄는 은세공업자들의 조합에서 시작되었습니다. 당시 에베소에는 아르테미스 여신의 신전이 있었습니다. 지금은 남아 있지 않지만 이 신전은 고대의 7대 불가사의 중 하나로 꼽힐 정도로 주목받는 건물이었습니다. 많은 순례객과 관광객이 이 건물을 보기 위해 모여들었고, 자연히 아르테미스 여신상도 인기를 끌었습니다. 데메드리오 조합은 은으로 우상을 만들어서 많은 수익을 올리고 있었습니다. 그런데 바울의 전도가 성공을 거두자 우상 장사들의 수입이 급감한 것입니다.

위기의식을 느낀 데메드리오가 군중들을 선동하고, 이에 선동

된 군중이 "크다, 에베소 사람의 아데미여!"를 외치기 시작했습니다. 많은 사람들이 연극장으로 쇄도하면서 사태는 걷잡을 수 없이 커집니다. 사도행전은 그 혼란을 이렇게 묘사합니다.

> 사람들이 외쳐 어떤 이는 이런 말을, 어떤 이는 저런 말을 하니 모인 무리가 분란하여 태반이나 어찌하여 모였는지 알지 못하더라.
>
> (행 19:32)

이 묘사는 당시 그리스 폴리스들이 안고 있던 문제에 대한 통렬한 지적입니다. 본래 그리스인들은 자신들이 에클레시아로 모여서, 스스로 공동체의 운명을 결정하는 자유인임을 자랑스럽게 여겼습니다. 아리스토텔레스가 말한 '조온 폴리티콘'(ζῷον πολιτικὸν) 곧 '정치적 인간'이란 자신들이 폴리스를 이루며 살아가는 인간이라는 자부심이었습니다. 그는 폴리스는 "시민들의 정치적 참여(코이노니아)"라고 정의했습니다.

시민들이 함께 살아가는 생활과 뜻을 모아 가는 절차 전체를 포함하여 '코이노니아'(κοινωνία)라 할 수 있습니다. 조그마한 폴리스들의 군대가 거대한 제국 페르시아를 이길 수 있었던 것 또한 자유민으로 구성된 군대였기 때문이라는 자부심은 그리스 인간론의 핵심에 닿아 있었습니다. 자유민이란 합리적으로 사고하고 이성적으로 토론하여 공동의 결론을 도출할 수 있는 능력을 가진 이들이어야 했습니다. 에클레시아로 모여 합리적 토론과 민주적 절차에 의해 집단의 지혜를 모을 수 있다는 것이 그 자부심의 근원이었습니다.[1]

그러나 현실의 에클레시아는 선동에 약하고, 때로 '튀모스'(θυμός) 곧 격정에 휘둘려서 어리석은 결정을 내리기도 했습니다. 가장 합리적이어야 할 도시, 민주정치의 자랑스러운 전통을 담지해야 할 에베소라는 도시가 비이성적인 선동에 휘둘리는 혼란의 도시가 된 모습을 보십시오. 그들은 '에베소'라는 구호를 자랑스럽게 외치지만, 그들의 격정적 애국주의는 제국의 질서를 해치고, 도시의 위신을 떨어트리고 있습니다. 로마 제국 초기인 주후 1세기는 제국 내에서 '지역 애국주의'(local patriotism)가 최고조에 달한 시기였습니다. 자신들의 도시에 대한 지나친 충성과 도시 간의 경쟁이 제국의 질서에 심각한 위협이 되었던 시기였습니다.

에베소와 예루살렘

앞에서 밝혔듯, 초기 기독교는 '도시적 현상'이었습니다. 이는 구체적으로 말하면 로마 제국의 동쪽 그리스권 지역이라는 정치-사회적 공간에서 형성된 현상이라 할 수 있습니다. 예루살렘도 범주적으로 이 개념에 포괄됩니다. 사도행전은 제국의 동쪽 지역, 그리스

문화권의 대표적인 도시 에베소를 들어 그리스 전통의 문제를 통렬하게 지적합니다. 그 문제를 지적하는 시각의 상당 부분은 로마인들의 인식 그리고 그리스 전통 내에서도 다수의 지식인들이 공감하고 있던 비판 의식을 공유하고 있다고 보아야 합니다.

고대 그리스의 폴리스들에는 '데모스'(δῆμος: 백성 혹은 군중, 평민)들이 목소리를 높여서 자신들의 의지를 관철해 가는 오랜 정치 문화가 있었습니다. '데모크라티아'(직접민주정치)를 발전시켜 온 '조온 폴리티콘'들이 남긴 문화였습니다. 비록 그리스의 민주정치 체제는 로마의 지배와 함께 무너졌지만, 그 정치 문화는 여전히 맹위를 떨치고 있었습니다. 로마인들, 그리고 그리스어권의 지식인 사회는 이 대중정치 문화에 대한 날카로운 비판 의식을 가지고 있었습니다.

사도행전 19장에서 에베소 군중들의 난동은 로마의 질서를 대변하는 "서기장"에 의해 진정됩니다. 그런데 21장에는 예루살렘에서 비슷한 난동이 발생하여, 더 심각한 폭력으로 발전하는 장면이 나옵니다. 이 난동이 비극적 사태로 비화하는 것을 막은 사람 역시 로마의 군대입니다(행 23:22-35). 여기에서 그리스 전통의 고질적인 문제에 대한 로마의 교정이라는 구도를 읽어 낼 수 있습니다.

그 이레가 거의 차매 아시아로부터 온 유대인들이 성전에서 바울을 보고 모든 무리를 충동하여 그를 붙들고 외치되 '이스라엘 사람들아,

도우라. 이 사람은 각처에서 우리 백성과 율법과 이곳을 비방하여 모든 사람을 가르치는 그자인데 또 헬라인을 데리고 성전에 들어가서 이 거룩한 곳을 더럽혔다' 하니 이는 그들이 전에 에베소 사람 드로비모가 바울과 함께 시내에 있음을 보고 바울이 그를 성전에 데리고 들어간 줄로 생각함이러라. 온 성이 소동하여 백성이 달려와 모여 바울을 잡아 성전 밖으로 끌고 나가니 문들이 곧 닫히더라. 그들이 그를 죽이려 할 때에 온 예루살렘이 요란하다는 소문이 군대의 천부장에게 들리매 그가 급히 군인들과 백부장들을 거느리고 달려 내려가니 그들이 천부장과 군인들을 보고 바울 치기를 그치는지라. 이에 천부장이 가까이 가서 바울을 잡아 두 쇠사슬로 결박하라 명하고 그가 누구이며 그가 무슨 일을 하였느냐 물으니 무리 가운데서 어떤 이는 이런 말로, 어떤 이는 저런 말로 소리치거늘 천부장이 소동으로 말미암아 진상을 알 수 없어 그를 영내로 데려가라 명하니라. (행 21:27-34)

잘못된 정보에 의한 소동(29절), 무슨 말을 하는지도 모르고 목소리를 높이는 혼란(34절)은 사도행전 19장에 나오는 에베소의 모습과 겹쳐집니다. 예루살렘의 성전 앞 광장은 기능적으로 에베소의 극장과 비슷한 역할을 했습니다. 마치 사도행전이 에베소와 예루살렘의 문제를 나란히 놓고 있는 것처럼 보이지 않나요? 여기서 우리는 예수님을 죽음으로 몰고 갔던 예루살렘 거민들의 함성을 기억할 필요가 있습니다.

이러하므로 빌라도가 예수를 놓으려고 힘썼으나 유대인들이 소리 질러 이르되 '이 사람을 놓으면 가이사의 충신이 아니니이다. 무릇 자기를 왕이라 하는 자는 가이사를 반역하는 것이니이다.'…그들이 소리 지르되 '없이 하소서. 없이 하소서. 그를 십자가에 못 박게 하소서.' 빌라도가 이르되 '내가 너희 왕을 십자가에 못 박으랴?' 대제사장들이 대답하되 '가이사 외에는 우리에게 왕이 없나이다' 하니. (요 19:12-15)

예수님을 십자가에 못 박으라고 외치는 군중은 "가이사 외에는 우리에게 왕이 없…다"라고 합니다. 이 말은 요한복음 독자들에게 엄청나게 충격적으로 들렸을 것입니다. 하나님을 왕으로 삼고 살아야 할 백성의 정체성을 근본적으로 부인하는 말이기 때문입니다.

예루살렘은 여러 가지 면에서 이웃한 다른 도시들과 달랐습니다. 그러나 범주적으로는 예루살렘도 그리스 전통의 정치 문화를 공유하는 하나의 폴리스(이지만 조금 특별한 형태)였다고 보아야 합니다. 예수님을 십자가형으로 몰고 간 정치적 역동은 이런 폴리스에서 데모스가 갖는 힘에서 찾을 수 있습니다.

요한복음은 특별히 예루살렘 데모스의 정치적 목소리를 상세히 전합니다. 요한복음이 기록된 곳이 에베소였다는 점을 생각한다면, 저자가 예루살렘을 이야기하면서 자기가 살고 있는 에베소의 무지막지한 군중들의 이미지, 사도 바울의 선교를 폭력적으로 중단시킨 소요의 기억을 겹쳐 떠올렸다고 볼 수 있지 않을까요? 요한복음은 예수님 시대의 예루살렘을 이야기하면서 사실은 자기 시대 에베소의 이미지를 함께 떠올리고 있으며, 더 나아가 인간의 보편적인 폭력성을 지적하고 있는 것입니다. 지성의 전통을 자랑하는 도시가 사실조차 잘 모르면서 목소리부터 높이고 보는 무지와 혼란의 늪에 빠져 있음을 지적하는 것입니다. 구체적으로는 그리스 민주정치의 퇴행적 유산이라 할 수 있습니다.

특히 유대인들이 "이 사람을 놓으면 가이사의 충신이 아니이다"라고 말하는 대목에 주목하십시오. 여기서 "충신"이라고 번역된 단어는 '필로스'(φίλος)로, 친구라는 말입니다. 대부분의 영어 성경이 이 단어를 "friend"로 번역하지만, 이 말은 반드시 대등한 친구 관계를 뜻하지는 않습니다. 로마 사회, 특히 사회의 상층부는 후원제(patronage)로 촘촘히 엮여 있었습니다. 후원자(patron)는 피후원자(client)라는 단어가 주는 경멸감을 피하기 위해서 피후원자를 친구(*amicus*)라 불렀습니다. 그런 점에서 개역개정의 "충신"도 나름 의미가 있는 번역입니다. 어떤 단어로 번역하든, 여기서 강조되는 것은 가이사(황제)와 총독 빌라도의 개인적 관계입니다. 유대라는 속주의 총독직을 얻은 것이 제국과 총독의 공적인 관계로 인한 것이 아니라, 황제와 빌라도의 사적인 관계로 인한 것이라는 인식입니다.

이 본문 속의 예수님은 지금 반역자로 몰려 있습니다. 우리 감각으로는 "이런 사람을 석방해 주면 애국자가 아닙니다"라고 할 수 있는 맥락에 가이사와의 개인적인 관계를 강조하는 "친구"라는 단어가 등장합니다. 이는 총독이라는 자리가 황제와의 개인적 관계에서의 호의(*gratia*) 혹은 황제가 친구(피후원자)에게 베푸는 은전(*beneficia*)으로 여겨졌음을 보여 줍니다. 로마 제국은 속주의 총독직까지 개인적인 호의로 인식하게 하는, 황제를 정점으로 하는 거대한 후원제의 그물망으로 짜여 있었습니다. 예루살렘의 거민들은 그리스의 폴리스 전통에서 자신들의 정치적 목소리를 내고, 로마의 정치 문화라는 장에서 그 힘을 이용했습니다. 요한복음이 보도하는 십자가형 결정 장면은 그리스 전통과 로마 세계의 정치 문화가 씨줄과 날줄로 기능하고 있는 세계입니다.

후원제를 통해 살펴본 로마 사회

여기서 잠시, 바울이 로마의 후원제와 어떤 관련이 있었는가 하는 흥미로운 주제를 살펴보겠습니다. 바울은 위계질서에 기초한 후원제의 어두운 면을 잘 알고, 경계했던 것으로 보입니다. 그러나 로마 사회 전체가 후원제의 그물로 촘촘히 연결되어 있었기 때문에 이를 피해서 살 수는 없었을 것입니다. 바울은 로마서를 쓰면서 뵈뵈를 '후원자'라 칭하기도 했습니다['프로스타티스'(προστάτις), 6:2;

개역개정은 "보호자"로 번역].

또 에베소에서 군중들이 난동을 부릴 때의 상황을 보십시오.

또 아시아 관리 중에 바울의 친구(φίλος) 된 어떤 이들이 그에게 통지하여 연극장에 들어가지 말라 권하더라. (행 19:31)

바울이 상당한 고위 관료와 '친구' 혹은 '후원 관계'를 맺고 있었을 것으로 추정할 수 있는 대목입니다.

바울이 시리아의 안디옥 교회에서 파송을 받고, 처음으로 바나바와 함께 방문한 선교지는 바나바의 고향인 키프로스(Cyprus)였습니다. 바울과 바나바가 이곳에 가서 총독인 서기오 바울 앞에서 말씀을 전할 수 있었던 것을 보면, 바나바 집안이 키프로스에서 맺고 있던 모종의 네트워크가 작용했을 수 있다는 생각이 듭니다.

바울은 서기오 바울 총독을 만난 이후로 본래의 사울 대신 바울이라는 이름을 쓰기 시작합니다(행 13:7이하). 그는 나면서부터 로마 시민이었기 때문에 로마 이름을 본래 가지고 있었을 텐데, 이때부터 이방 선교가 본격적으로 시작되었기에 편의상 이 이름을 사용하기 시작했을 수 있습니다. 그러나 이렇게 이름이 바뀐 배경에 총독 서기오 바울과의 어떤 사적인 관계, 곧 후원자와 피후원자의 관계가 있었을 가능성도 배제할 수 없습니다.

서기오 바울과 헤어지고 난 후에 바울 일행은 비시디아의 안디옥으로 갑니다. 이곳은 키프로스에서 아주 멀기 때문에 무척 의아한 행선지입니다. 그런데 비시디아의 안디옥에서 서기오 바울과 관련된 비문들이 발견되었다는 점을 보면, 이 지역에 서기오 바울 가문의 영토가 있었을 것으로 추정됩니다. 그렇다면 이 지역과 서기오 바울과의 후원 관계에 의지해서, 총독 바울이 사도 바울 일행을 추천해 주었을 가능성이 높습니다. 서기오 바울과 비시디아 안디옥의 후원 관계, 또 총독 바울과 사도 바울의 후원 관계가 이중으로 작동하고 있는 셈입니다.

이처럼 초대교회의 선교는 기존의 사회 네트워크를 적절히 활용하면서 진행되었던 것 같습니다. '모든 길은 로마로 통한다'라는 말이 있지요. 그 본래 의미는 아니지만 로마가 닦아 놓은 길들, 평정해 놓은 바닷길을 들여다보면 사도들의 행로도 잘 이해할 수 있습니다. 이와 함께 로마 사회의 네트워크를 보여 주는 사회적 지도를 그려 가면서 사도행전을 읽는다면 우리는 보다 입체적인 이해를 가질 수 있습니다.

로마 사회의 네트워크를 잘 활용했지만, 바울이 로마의 가치를 무비판적으로 수용했던 것은 아닙니다. 로마의 후원제는 불평등한 위계질서와 착취, 정치적 담합, 힘 있는 사적 네트워크의 공적 자원 편취 등의 문제들이 있었습니다. 바울이 고린도 교회의 재정적 지원을 지속적으로 거절한 이유는 자신이 고린도 부자 교인들의 피후원자로 인식될 수 있는 위험, 재정적 지원 때문에 어떤 가문과 사적인 관계로 엮일 수 있는 가능성을 경계했기 때문이라는 설명이 유력합니다.

에클레시아의 모범

다시 본래의 논의로 돌아와, 그렇다면 '합리적 이성을 갖춘 자유인들의 코이노니아로서의 폴리스'라는 그리스의 오랜 이상은 폐기된 것일까요? 그리스도인들이 자신들의 공동체를 '에클레시아'로 명명했다는 사실은 헬레니즘 세계의 이상과 교회가 관련되어 있을 가능성을 시사합니다.

사도행전에서는 19장의 폭력적이고 혼란스러운 에베소의 에클레시아와, 15장에 나타나는 질서정연한 예루살렘 회의의 에클레시아가 선명하게 대비되고 있습니다. 사도행전 15장은 사도들이 하나님이 하신 일에 대해 질서정연하게 토론하면서 서로 분별하고 다른 의견을 수용하는, 그러면서 결론을 내어 가는 과정을 상세히 보도합니다. 그 결정사항은 다음과 같이 전해집니다.

> 사람을 택하여…우리가 사랑하는 바나바와 바울과 함께 너희에게 보내기를 만장일치로 결정하였노라. (행 15:25-26)

성령과 우리는 이 요긴한 것들 외에는 아무 짐도 너희에게 지우지 아니하는 것이 옳은 줄 알았노니. (행 15:28)

두 구절의 헬라어 원문에서는 '에독센'(εδοξεν)+여격 구문이 사용되고 있는데, 이는 그리스의 에클레시아가 그 결정사항을 공포할 때 쓰이던 공식 문구입니다. 지금도 에베소 같은 도시에 가 보면 이 구문으로 쓰인 에클레시아의 포고 비문이 즐비합니다. 그리스의 에클레시아에서는 연사의 발언에 대해 시민들이 동의를 표할 때 '찬성이오'라는 의미로 "에독센!"이라고 외쳤을 정도로 유명한 말이었습니다. 따라서 사도행전 15장이 세속의 에클레시아와 그리스도인의 에클레시아를 대비하고 있다는 사실은 당시 사람들로서는 놓칠 수 없이 분명한 구도입니다.

정리하면, 사도행전은 '정치적 코이노니아로서의 폴리스라는 그리스의 이상은 숭고했으나 그들은 그 목표에 도달하지 못했고, 그 이상을 제대로 실현하고 있는 공동체가 여기에 있다'고 하면서 그리스도인의 에클레시아를 제시하고 있습니다. 이성적 분별력을 갖춘 이들의(롬 12:2) 차분한 토론으로 진행되는 에클레시아는 로마가 그 엄청난 무력과 정교한 법치로도 이루지 못했던 목표 곧 세상의 참 평화를 향해 가고 있다는 전언입니다.

원래 "이스라엘의 소망"(행 28:20)은 세상의 대안 공동체가 되는 것이었습니다(출 19:5-6). 초대교회는 그리스와 로마가 각각 품었던 이상을 끌어안고, 또 그것을 넘어서면서 제3의 길을 제시하는 대안 공동체였습니다. 이 책의 1장에서 말한바 만물의 온전한 회복, 샬롬을 향해 나아가는 길에 교회가 담당한 즉흥 연기의 모범을 사도행전은 보여 주고 있습니다.

포스트트루스 시대에 읽는 사도행전

초대교회가 제시한 제3의 길은 오늘날 사회에도 많은 적용점이 있습니다. 지금은 세계 곳곳에서 벌어지는 전쟁으로 인해 제2차 세계대전 후 유지되어 오던 UN 중심의 체제가 흔들리며, 세계의 평화가 심각하게 위협받는 상황입니다. 교회와 그리스도인의 모습은 어떠합니까? 확인되지 않은 뉴스나 자극적인 유튜브 내용들이 그대로 설교에 오르는 등 강단의 오염이 심해지고, 설교자의 신뢰는 떨어지고 있습니다. 교인들 간의 단체 메시지방이 자극적인 뉴스 유통의 온상이 되기도 합니다. 포스트트루스(post-truth) 시대, 무엇이 진실인지에는 별 관심이 없이 목소리만 높이는 시대입니다. 이는 사도행전이 말하는 에베소와 예루살렘 군중들의 모습과 많이 닮아 있습니다.

세계적으로 민주주의가 막다른 골목에 다다랐다는 징후들이 빈번히 나타나고 있습니다. 성숙한 시민들이 차분하게 토론하며 합리적인 길을 찾아 가는 '숙고 민주주의'(deliberative democracy)의 필요성이 대두되고 있습니다. 선거에 의해 다수의 지지를 받는 정부(government)를 구성하면 그만이라는 생각에서 벗어나, 시민 사회가 주체적인 참여를 통하여 함께 공동체를 이끌어 가는 건강한 거버넌스(governance)의 필요성이 절실합니다.

건강한 교회의 의사결정 구조와 상호 존중의 문화, 함께 성령의 음성을 분별하는 코이노니아는 교회를 거버넌스의 모범으로 만들 수 있다는 것이 사도행전의 증언입니다. 이를 따라, 우리는 건강하고 참여적인 거버넌스의 확립에 기독교가 어떻게 기여해야 할 것인가 고민해야 합니다. 교회는 참여적인 거버넌스를 가능하게 하는 코이노니아로 지역 사회에 활력을 불어넣고 민주적 의사소통을 시전하는 성숙한 시민의 양성소가 되어야 합니다.

교회의 거버넌스와 성령의 인도하심

사도행전 6장에는 사도들이 '말씀과 기도에 전념'할 수 있도록, 사도들을 도와 교회의 행정적인 일을 맡을 일곱 일꾼을 선출하는 장면이 나옵니다. 우리는 이때 '집사'를 선출했다는 말에 익숙하지만, 사도행전 본문에 집사라는 단어는 나오지 않습니다. 당시에는 섬기는 역할을 정하고 사람을 뽑았지, 처음부터 어떤 직분을 주고 선출한 것 같지는 않습니다.

> 이튿날 떠나 가이사랴에 이르러 일곱 집사 중 하나인 전도자 빌립의 집에 들어가서 머무르니라. (행 21:8)

> Leaving the next day, we reached Caesarea and stayed at the house of Philip the evangelist, one of the Seven. (NIV)

개역개정에는 21장에 가서야 "집사"라는 단어가 나오는데, NIV에는 "집사"라는 단어가 아예 나오지 않습니다. 대부분의 영어 성경은 NIV와 같이 "one of the Seven"으로 옮기고 있습니다. 왜 우리나라 성경은 굳이 "집사"라는 말을 넣어서 번역했을까요? 직분에 대한 과도한 관심 때문이라고 추정해 볼 수 있겠습니다. 특별히 한국 교회는 직분을 중요하게 여기는 경향이 있습니다. 미국의 장로교회에서는 장로가 있어도, 당회를 할 때만 장로라고 호칭할 뿐 평소에는 그냥 이름을 부릅니다. 교회 생활을 하는 데 있어 직분자나 비직분자가 큰 차이가 없습니다. 심지어 노회장이나 총회장도 사회자라는 뜻의 'moderator'라고 하며, 특별한 의전을 하지 않습니다. 직분이 권력을 의미하기도 하는 한국 교회와는 많이 다른 모습입니다.

1세기의 교회에 비해 오늘날의 교회는 직분이나 제도를 너무 중요하게 여깁니다. 물론 교회의 성장과 해당 지역의 문화에 따라 제도는 바뀔 수 있습니다. 1세기의 직제가 성경적인 교회 형태이니, 그대로 따라야 한다는 주장은 적절하지 않습니다. 그러나 초대 교회가 직분의 명칭조차 없이 역할에 따라 사람을 선출했다는 사실은 우리에게 신선한 도전이 되어야 합니다.

일곱 일꾼을 뽑은 이유는 구제와 행정 업무를 맡기기 위해서였습니다. 그런데 이렇게 뽑힌 스데반은 나가서 설교하다가 순교합니다. 빌립도 나가서 전도하고, 세례도 베풉니다. 무슨 뜻일까요? 이들이 직무(Job descriptions)를 위반한 것일까요? 요즘의 제도 교회에서는 문제가 될 수도 있을 일입니다. 교회는 상황의 변화에 따라 대책을 세우고, 제도를 만듭니다. 그러나 하나님이 이끌어 가시는 역동적인 역사를 인간의 조직과 제도가 따라가기에는 역부족일 때가 많습니다. 우리가 가진 모든 제도는 어제의 경험에 맞춘 제도입니다. 특히 빠르게 변하는 시대에 경직된 제도의 교회는 취약할 수밖에 없습니다. 사도행전의 시대가 바로 그러했습니다. 하나님이 빠른 속도로 앞서 나가시면서 선교의 문을 열어 가시고, 교회는 따라갑니다. 이런 때는 기존의 관행에 매이지 않는 유연성이 필요합니다. '하나님의 선교'는 때로 교회로 하여금 기존의 제도와 관습을 상대화하도록 합니다.

'뒷북행전'

사도행전 12장에는 베드로가 옥에 갇혔다가 구출되는 장면이 나옵니다.

> 이에 베드로는 옥에 갇혔고 교회는 그를 위하여 간절히 하나님께 기도하더라. 헤롯이 잡아내려고 하는 그 전날 밤에 베드로가 두 군인 틈에서 두 쇠사슬에 매여 누워 자는데 파수꾼들이 문밖에서 옥을 지키더니 홀연히 주의 사자가 나타나매 옥중에 광채가 빛나며 또 베드로의 옆구리를 쳐 깨워 이르되 '급히 일어나라' 하니 쇠사슬이 그 손에서 벗어지더라. 천사가 이르되 '띠를 띠고 신을 신으라' 하거늘 베드로가 그대로 하니 천사가 또 이르되 '겉옷을 입고 따라오라' 한대 베드로가 나와서 따라갈새 천사가 하는 것이 생시인 줄 알지 못하고 환상을 보는가 하니라. 이에 첫째와 둘째 파수를 지나 시내로 통한 쇠문에 이르니 문이 저절로 열리는지라. 나와서 한 거리를 지나매 천사가 곧 떠나더라. 이에 베드로가 정신이 들어 이르되 '내가 이제야 참으로 주께서 그의 천사를 보내어 나를 헤롯의 손과 유대 백성의 모든 기대에서 벗어나게 하신 줄 알겠노라' 하여. (행 12:5-11)

베드로가 옥에 갇혔을 때, 밤에 주의 사자가 나타나서 베드로를 구출합니다. 베드로는 구출된 지 한참이 지나서야 하나님이 자신을 구해 주신 것을 깨닫습니다. 천사가 깨워서 신발을 신고, 겉옷을 입고, 감옥에서 시내로 나온 뒤에도 한참이 지나서야 '이제야 알겠다'라고 반응하는 것은 아주 우스운 장면입니다. 하나님이 앞장서서 행하시는데, 한참 지나서야 그 뜻을 겨우 깨닫는 베드로의 모습은 사도행전 전체에서 교회의 모습을 보여 주는 상징일 수 있습니다.

사도행전 15장에는 사도들의 회의 장면이 나옵니다. 복음이 이방 세계로 빠르게 퍼져 나가면서 교회는 전에 없던 문제를 경험했습니다. 이방인들 중에서 그리스도인이 되는 사람들을 어떻게 받아들여야 할지, 본래 유대인들에게는 필수라고 여겨지던 할례와 모세 율법의 준수를 이방인에게는 어디까지 허용할 것인가 하는 문제였습니다. 이에 대한 유대인 중심 교회와 이방인 교회의 견해 차이가 워낙 커서, 회의의 향배에 따라 교회가 갈라질 수도 있는 상황이었습니다.

사도들은 모여서 치열하게 토론합니다. 그 과정은 상황을 파악하고 미래를 대비하려는 자리였다기보다는, 이미 하나님이 행하고 계신 일을 증언하고 함께 그 의미를 헤아리는 자리였습니다. 이방 선교를 할 것인가 말 것인가를 논의하기 전 이미 하나님은 앞서 행하고 계셨습니다.

'뒷북친다'라는 표현이 어울릴 정도인 이 장면을 보면 '사도행전은 성령행전'이라는 말이 실감 납니다. 성령이 주도하시고 이끌어 가시기 때문입니다. 그러나 앞에서 살펴보았듯이, 정작 성령은 무대 위에 올라오는 것을 별로 좋아하지 않으십니다. 성령이 앞서 이끄시는 역사가 중요하지만, 뒤늦게 깨닫고 허겁지겁 따라가면서 하는 사람들의 일도 중요합니다. 우리가 어떤 일을 이루고 나서 "하나님이 다 하셨습니다!"라고 말하는 것은 좋은 겸손의 태도이지만, 사실 사람이 분별하고 마음 졸이면서 기다리고 순종하는 일도 중요합니다. 예수님도 교회에 열쇠를 주시고 "네가 땅에서 무엇이든지 풀면 하늘에서도 풀리리라"(마 16:19)라고 하시면서 우리가 땅에서 하는 작은 실천의 중요성을 강조하셨습니다.

사도행전 15장의 사도 회의는 기독교 역사에서 원형적인 모범으로 꼽히는 회의입니다. 그런데 이 회의가 사람이 앞서서 시대를 전망하고 대책을 수립하는 것이었다기보다는 하나님이 이미 하고 계신 일을 '증언'하고 공동체가 수용하는 형식이었다는 점은 대단히 중요합니다. 즉 '하나님의 선교'는 하나님이 주체가 되시는 선교이며, 새로운 시대에 우리의 예상을 뛰어넘는 방식으로 일하시는 하나님의 사역을 '증언'하고 그 뜻을 '분별'하는 데서 시작합니다.

해외 선교 현장에 계신 분들은 더 잘 이해하실 겁니다. 본국에서 철저한 선교 전략을 세워 가더라도 막상 현장에서는 그대로 적용하기 어렵습니다. 베드로도 고넬료 집에 알지 못한 채 갔습니다. 그 집에 들어가도 되는지 모르는 채로 들어가서 설교했습니다. 그러는 가운데 '이곳이 하나님이 세우신 자리구나'라는 걸 알게 되었습니다. 바울은 어떠한가요? 그는 처음에는 마케도니아에도 가지 않으려 했습니다. 그런데 시간이 지나자 로마와 스페인까지 그의 시야에 들어오게 되었습니다.

그런데 바울이 예루살렘에 가겠다고 결심했을 때, 가이사랴에서 이런 예언을 접합니다.

> 여러 날 머물러 있더니 아가보라 하는 한 선지자가 유대로부터 내려와 우리에게 와서 바울의 띠를 가져다가 자기 수족을 잡아매고 말하기를 '성령이 말씀하시되 예루살렘에서 유대인들이 이같이 이 띠 임자를 결박하여 이방인의 손에 넘겨 주리라' 하거늘 우리가 그 말을 듣고 그곳 사람들과 더불어 바울에게 예루살렘으로 올라가지 말라 권하니. (행 21:10-12)

선지자의 분명한 경고를 접하고도 바울은 예루살렘으로 향합니다. 이 말씀은 하나님의 인도하심에 대한 중요한 통찰을 줍니다. 하나님은 바울을 아끼는 마음으로 장차 당할 일을 알려 주시지만, 가고 안 가고는 바울의 결단에 달려 있습니다. 하나님이 맡기시는 것입니다.

이 원리는 지역 교회의 조직 형태에도 그대로 적용됩니다. 바울이 개척한 교회들은 각 지역에 맞는 리더십 구조를 발전시켜 나간 것으로 보입니다. 바울은 특정한 사람을 특정한 형태로 세우라고 명령하지 않았습니다. 그저 예수님의 복음을 선포하고, 각 지역이 자신들의 상황에 맞는 구조를 만들어 가도록 했습니다. 그러는 과정에서 복음의 원리에 맞지 않는 관행들은 수정해 가면서 교회가 세워지는 것입니다. 우리에게 있는 바울 서신이 대체로 이와 같은 내용을 담고 있습니다.

교회는 처음부터 어떤 조직을 만들면서 세워지지 않았습니다. 교회가 성장하는 과정에서 필요에 따라 조직이 도입된 것입니다. 그리고 그 조직의 형태와 문화가 복음의 빛에 부합하는지 끊임없이 점검하고 교정했습니다. 바울 서신의 대부분이 그런 교정과 권면의 내용입니다. 그래서 감독교회든, 회중 정치든, 장로교 같은 대의 정치든 어떤 한 정치 형태가 성경적이라고 주장하는 것은 섣부릅니다. 각각의 형태는 성경의 원리를 자신의 시대와 상황에 맞게 적용한 결과입니다. 교회에는 적절한 제도가 꼭 필요하지만, 사도행전에서 단일한 성경적 리더십 구조를 추출해 내려고 시도해서는 안 됩니다.

신약성경은 이렇게 세상 전체의 변화에 대한 폭넓은 관심을 가지면서도 교회 내에서의 변화를 우선시하고 있습니다. 바울 서신의 권면 대부분은 세상을 변화시키자는 것보다는, 믿음의 공동체 안에서 어떻게 행할 것인가를 향하고 있습니다. 사도행전도 같은 우선순위를 갖고 있습니다. 세상을 향한 공적 사역을 포기하고 교회라는 사적 영역으로 축소해 들어가는 것이 아니라, 하나님의 에클레시아가 "만물 안에서 만물을 충만하게 하시는 이의 충만함"(엡 1:23)이라는 이해에 기초하여 교회가 먼저 변화되어야 함을 말하고 있는 것입니다. 우리가 하나님의 교회로서 부름받은 자리에서 신실하게 순종한다면, 하나님은 우리를 통해 자신의 뜻을 세상에 나타내시고, 세상을 변화시키실 것입니다.

나가는 글
샬롬의 공동체를 위하여

공적 영역을 향하는 신앙

사도행전은 초기의 교회가 "성전에 모이기를 힘쓰고 집에서 떡을 떼며"(행 2:46) 모였다고 보도합니다. 오늘날 이 두 모임을 교회의 전체 예배와 소그룹 모임으로 적용하기도 합니다. 그러나 당시의 성전은 교회의 모임을 위해 마련된 공간이 아니었습니다. 사도들은 성전 앞 광장 어디에서 복음을 전했을 것입니다. 굳이 적용하자면, 오늘날 교회 예배보다는 노방전도, 혹은 대중을 상대로 한 강연에 가까웠습니다. 가옥에서의 모임이 그리스도인들끼리의 집회였다면, 성전에서의 활동은 공적 영역에서의 선포였습니다.

에베소의 사역에 대해서 바울은 이렇게 말합니다.

> 유익한 것은 무엇이든지 공중 앞에서나 각 집에서나 거리낌이 없이 여러분에게 전하여 가르치고. (행 20:20)

이방 도시에서 '공중과 집'은 예루살렘에서의 '성전과 집'이라는 구도와 정확히 일치합니다. 사도행전은 가정에서 모이는 친밀한 교제 안에서 하나님을 함께 예배하고 삶을 나누는 일과 공적인 공간에서 복음을 선포하는 일의 두 축을 강조하고 있습니다. 에베소의 선교 활동에 대한 "거리낌이 없이"라는 표현은 공적인 선포가 도전과 위험에 직면할 수 있었음을 의미합니다. 예루살렘의 성전 역시 적대적인 위협이 존재하는 곳이었습니다. 그러나 사도들은 공적인 공간에서 자신의 신앙을 표현하는 사명을 잃지 않았습니다.

바울은 헤롯 아그립바 2세 앞에서 재판을 받을 때 그리스도 사건에 대해 말하면서 "…이 일에 하나라도 아시지 못함이 없는 줄 믿나이다. 이 일은 한쪽 구석에서 행한 것이 아니니이다"(행 26:26)라고 말합니다. 이처럼 기독교는 출발부터 공적인 성격을 분명히 했습니다. 사도행전의 전도자들은 끊임없이 공적인 광장을 향했습니다.

가정교회론의 한계

1980년대에 신약학에서 '가정교회' 이론이 제기되어 신학 연구와 사역 현장에 많은 영향을 끼쳤습니다. 이는 '초대교회의 삶의 자리는 가옥이었다'라는 물리적 공간에 대한 인식에서 출발한 이론이었습니다. 그러나 최근, 초대교회가 모였던 공간이 실제로는 굉장히 다양했다는 인식이 점증하고 있습니다. 사도행전에서도 강가와 회당과 일터에서 모이는 모임을 볼 수 있습니다. 가정교회 운동이 현대 사회에 유용한 사역 방식인 것은 분명하지만, '신약성경의 교회는 가정교회였다'라고 단정할 근거는 부족합니다.

게다가 엄밀히 말하자면 초대교회의 'house church'는 가옥교회이지 가정교회(family church)가 아닙니다. 현대적 의미에서 '가정교회'라는 말은 가정의 친밀함을 담아낼 수 있다는 장점이 있고, 우리는 '가정 같은 교회'라는 표현도 쉽게 합니다. 그러나 사도 시대에 '가정'은 대단히 위계적이고 폭압적인 공간이었습니다. 1세기 노예들에게 그들의 일터인 가정 곧 '오이코스'(οἶκος)는 한순간도 자유로울 수 없는, 숨 막히는 공간이었습니다. 대단히 힘들고 비인격적인 직장에서 퇴근도 못 하고 24시간 있어야 하는 상황을 상상해 보십시오. 노예들에게 가정이 이와 같았습니다. 노예뿐 아니라 많은 여성들과 아이들에게도 쉽지 않은 공간이었습니다(갈 4:1).

반면에 '하나님의 에클레시아'는 모두가 존귀히 여김을 받는 곳이었습니다. 그리스도의 임재 가운데 모이는 성찬은 노예와 자유민, 빈자와 부자가 모두 동일한 자격으로 참여하는 자리였습니다. 그런데 그 성찬에서 빈부에 따른 차별이 발생하자, 바울은 다음과 같이 질타합니다.

너희가 먹고 마실 집(οἰκία)이 없느냐? 너희가 하나님의 교회(ἐκκλησία)를 업신여기고 빈궁한 자들을 부끄럽게 하느냐? (고전 11:22상)

여기서 바울은 집(오이키아)과 교회(에클레시아)를 날카롭게 대비합니다. 다르게 표현하자면, 바울의 이 말은 "여러분이 성찬으로 모일 때 가정에서처럼 행동하면 안 됩니다. 가정과 교회는 달라야 합니다"라는 말입니다. 이때 성찬을 위해 모이는 장소는 누군가의 '가옥'이었다는 점이 재미있습니다. 가옥이라면 그 시대 일반적인 가정의 방식대로, 주인과 노예의 차별을 당연시하는 방식으로 모이는 것을 용인해야 할지도 모릅니다. 그러나 그 모임은 '하나님의 에클레시아'였기 때문에 가정과는 달라야 했습니다.

고린도 교회 성찬의 문제는 공간의 사적 성격과 모임의 공적 성격이 충돌한 것이었습니다. 사도 바울은 가옥이라는 사적인 공간에서 모였음에도 '불구하고' 가정이라는 사적인 특성에 매몰되지 말고, 에클레시아라는 공적 모임의 성격을 유지하라고 권면하고 있는 것입니다. 이는 비록 가옥(domestic residence)에서 모였지만, 결코 가정화(domesticate) 되어서는 안 되는 교회의 특성을 말합니다. 'domesticate'는 야생동물을 길들여서 가축이나 애완동물로 삼는 행위를 말하기도 합니다. 혹 교회의 역사가 살아서 약동하는 예수 운동의 야생성을 길들여서 온순하게 만든 과정이 아니었는지, 우리는 사도행전을 읽으면서 반성해 볼 필요가 있습니다.

개인의 회심과 세계의 변화 사이

핍박 가운데 있는 교회가 핍박을 면하기 위해서가 아니라, "담대히 하나님의 말씀을 전하[기]" 위해 기도했을 때 "모인 곳이 진동" 했습니다(행 4:29-31). 복음은 가는 곳마다 개인과 사회를 흔들어 놓는 능력이었습니다. 우리가 이 책에서 지금까지 견지해 온 두 가지 중요한 축은 한 개인이 그리스도의 복음을 만나고 회심하는 일의 중심성과 온 만물을 회복하시는 복음의 포괄성을 함께 시야에 넣는 것이었습니다. 개인과 만물, 이 둘을 연결하는 공동체의 역사가 신약성경의 핵심입니다. 들어가는 글에서 언급했던 성경 이야기의 다섯 개의 막 중에 제4막이 예수, 제5막이 교회였던 것을 기억해 보십시오. 예수님의 이야기와 교회의 이야기가 어떻게 이어지고 있는가가 오늘 우리 신앙과 선교를 연결하는 핵심 고리입니다. 교회는 종말론적 해방의 은총을 오늘의 현실에서 누리는 자리입니다.

사도행전에서 빌립이 전도할 때 에티오피아에서 온 내시가 이런 말을 합니다.

> 길 가다가 물 있는 곳에 이르러 그 내시가 말하되 '보라. 물이 있으니 내가 세례를 받음에 무슨 거리낌이 있느냐?' (행 8:36)

재미있는 말입니다. 물만 있으면 세례를 받을 수 있습니까? 우리는 교회가 세례를 받기 위한 조건을 만들어 놓은 규정들을 알고 있습니다. 이 말은 어느 대학교 강의실에 지나가던 사람이 들어와서 "여기 분필이 있으니 내가 강의하는 데 무슨 거리낌이 있는가?" 하고 말하는 것과 같습니다. 이 에티오피아 내시는 "땅끝"이라 할 만큼 멀리서 유대의 예루살렘 성전까지 왔습니다. 유대인들이 믿는 하나님에 대해 그만큼 사모함이 있었다는 말입니다. 그러나 막상 성전에는 들어가지 못했습니다. 신명기 23장에 "여호와의 총회"에 들어갈 수 없는 조건을 명시하고 있는데, 하나는 이방인, 또 하나는 성불구자입니다. 이 내시는 이중으로 결격입니다. 하나님의 언약 백성이 될 수 없는 것입니다.

그런데 하나님의 언약 백성이 되는 의례가 할례에서 세례로 바뀌면서 이러한 장벽이 무너졌습니다. 엄청난 해방이 일어난 것입니다. 세례는 죄와 사망의 권세에서의 해방을 필두로 모든 제약으로부터 해방된 공동체의 일원이 되는 의미가 있습니다. 할례가 세례로 바뀌면서 할례와 아무 상관이 없었던 여성들도 남성과 똑같이 하나님의 백성이 될 수 있다는, 해방이 현실이 되는 곳이 교회입니다.

누구든지 그리스도와 합하기 위하여 세례를 받은 자는 그리스도로 옷 입었느니라. 너희는 유대인이나 헬라인이나 종이나 자유인이나 남

자나 여자나 다 그리스도 예수 안에서 하나이니라. (갈 3:27-28)

모든 사회적 차별이 그리스도 안에서 철폐되었음을 선언하는 이 말씀은 초대교회의 세례 공식입니다. 교회는 세례를 받고 난 성도에게 이 말씀을 전하면서 그들의 새로운 신분, 그들이 살아가게 된 새로운 세계를 선포했습니다. 물론 에티오피아 내시에게는 여전히 사회적 제약이 있었습니다. 예수님을 믿은 후에도 많은 여성들이, 또 노예들이 가부장제의 멍에 아래 살았습니다. 그러나 적어도 하나님 나라의 비전이 담긴 말씀을 있는 그대로 순종하며, 모든 이를 하나님의 형상으로 대하며 살던 이들이 있었습니다. 그들은 그 급진적 순종(radical obedience)을 통해 새 창조가 이미 이 땅에 시작되었음을 보여 주었습니다.

로잔대회는 세계 선교의 상황과 도전 들을 헤아리는 일을 부지런히 해 왔지만, 그 모든 방향 설정과 전략 수립에 있어서 성경 말씀에 귀 기울이는 일을 중심 과제로 삼아 왔습니다. 2024년 한국에서 개최되는 제4차 로잔대회의 중심 본문은 사도행전입니다. 사도행전은 급변하는 상황 속에서 성령의 음성에 귀 기울이며 나아갈 길을 찾아 왔다는 점에서, 오늘같이 빠르게 변화하며 숱한 도전 과제가 쏟아지는 시기에 꼭 필요한 본문입니다. 사도들의 구체적인 선교 행로(행 16:7-10), 또한 교회의 전체적인 방향 설정(행 15장)이 성령의 인도하심을 분별하는 과정이었습니다. 그 과정에는 하나님이 각 사역의 현장에서 어떻게 일하고 계시는지에 대한 '증언'과 성경적인 근거를 찾아내려는 노력이 함께 있었습니다. 그 결과 초대교회는 말로 그리스도를 선포하고, 삶으로 그리스도를 보여 주는 사명을 감당할 수 있었습니다.

제4차 로잔대회의 주제인 "교회여, 함께 그리스도를 선포하고 나타내자"(Let the church declare and display Christ together)는 성경적 공동체의 이런 핵심을 잘 포착하고 있습니다. 우리도 이와 같이 사도행전의 말씀에 귀를 기울이면서, 하나님의 명령에 철저하게 순종하며 살았던 공동체의 삶을 배우며, 세상에 그리스도의 복음을 선포하고(declare), 그 복음을 살아 낸 공동체의 아름다움을 나타내기를(display) 소망합니다.

주

들어가는 글. 성경을 선교적으로 읽는다는 것
1 크리스토퍼 라이트, 『하나님의 선교』, 정옥배·한화룡 옮김(IVP, 2010), p. 43.

1. 회복: 이스라엘의 회복과 사도행전
1 미로슬라브 볼프·매슈 크로스문, 『세상에 생명을 주는 신학』, 백지윤 옮김(IVP, 2020), p. 105.

2. 부활: 부활과 새 창조
1 박영호, "바울의 종말이해", 장흥길 엮음, 『신약성경의 종말론』(한국성서학연구소, 2016), p. 46.
2 N. T. Wright, *Surprised by Hope: Rethinking Heaven, the Resurrection, and the Mission of the Church* (Grand Rapids: HarperOne, 2008), p. 201. 『마침내 드러난 하나님 나라』(IVP).
3 로잔 운동, 『케이프타운 서약』, 최형근 옮김(IVP, 2014), pp. 51-52.

3. 복음: 오늘, 예수님의 이야기
1 로잔 운동, 『케이프타운 서약』, p. 59.

4. 구원: 하늘과 땅의 새로운 관계
1 로잔 운동, 『케이프타운 서약』, pp. 50-51.

2 Suetonius, "Julius Caesar", *The Twelve Caesars*. 우리나라에서는 『열두 명의 카이사르』 (다른세상)라는 제목으로 번역된 적이 있으며, 프로젝트 구텐베르크(Project Gutenberg) 사이트에서 영문 번역본을 열람할 수 있다. https://www.gutenberg.org/cache/epub/6386/pg6386.html.

5. 흩어짐: 교회의 확장과 포스트크리스텐덤

1 2021년 비주얼캐피탈리스트 통계 자료. https://www.visualcapitalist.com/the-most-used-languages-on-the-internet/.
2 로잔 운동, 『케이프타운 서약』, pp. 80-82.
3 리처드 미들턴·브라이언 왈쉬, 『여전히 우리는 진리를 말할 수 있는가』, 이철민 옮김 (IVP, 2020), pp. 28-51.
4 같은 책, p. 86.
5 2021년 퓨 리서치 센터가 실시한 조사 결과. https://www.pewresearch.org/global/2021/11/18/what-makes-life-meaningful-views-from-17-advanced-economies/.
6 2015년 흥사단 투명사회운동본부가 실시한 조사 결과. http://www.cleankorea.net/bbs/board.php?bo_table=sub04_02&wr_id=6.
7 장 보드리야르, 『소비의 사회』, 이상률 옮김(문예출판사, 1992).
8 스탠리 하우어워스·윌리엄 윌리몬, 『하나님의 나그네 된 백성』, 김기철 옮김(복있는 사람, 2008).
9 리처드 마우, 『무례한 기독교』, 홍병룡 옮김(IVP, 2014).
10 Miroslav Volf, "Soft Difference: Theological Reflections on the Relation Between Church and Culture in 1 Peter", *Ex Auditu* 10 (1994), pp. 15-30.
11 제임스 데이비슨 헌터, 『기독교는 어떻게 세상을 변화시키는가』, 배덕만 옮김(새물결 플러스, 2014).
12 데이비드 키네먼·마크 매틀록, 『디지털 바벨론 시대의 그리스도인』, 조계광 옮김(생명의말씀사, 2020).

6. 사회: 다차원적 사회 속 복음의 에토스

1 박영호, 『우리가 몰랐던 1세기 교회』(IVP, 2021), pp. 221-236.

7. 성령: 말씀의 승리와 성령

1 Rodney Stark, *Cities of God: The Real Story of How Christianity Became an Urban Movement and Conquered Rome* (Grand Rapids: Harper, 2006).
2 참조. 제임스 데이비슨 헌터, 『기독교는 어떻게 세상을 변화시키는가』.

8. 샬롬: 샬롬, 선교의 목적

1 Sarah Pearce, "Jerusalem as 'Mother City' in the Writings of Philo of Alexandria", in *Negotiating Diaspora: Jewish Strategies in the Roman Empire*, ed. J. M. G. Barclay (London: T & T Clark, 2004), pp. 19-36.
2 Bruce W. Winter, *Seek the Welfare of the City: Christians as Benefactors and Citizens* (Grand Rapids: Eerdmans; Paternoster Press, 1994).
3 Interview with Nicholas Wolterstorff, "The Gospel and Shalom: A Better Translation", https://cct.biola.edu/gospel-shalom-better-translation/.
4 로잔 운동, 『케이프타운 서약』, pp. 78-90.

9. 에클레시아: 세상의 에클레시아, 하나님의 에클레시아

1 박영호, 『에클레시아』(새물결플러스, 2018), pp. 66-69.

사도행전 선교적 읽기

초판 발행_ 2024년 2월 15일

지은이_ 박영호
펴낸이_ 정모세

펴낸곳_ 한국기독학생회출판부
등록번호_ 제2001-000198호(1978.6.1)
주소_ 04031 서울시 마포구 동교로 156-10
대표 전화_ (02)337-2257 팩스_ (02)337-2258
영업 전화_ (02)338-2282 팩스_ 080-915-1515
홈페이지_ http://www.ivp.co.kr 이메일_ ivp@ivp.co.kr
ISBN 978-89-328-2234-1

ⓒ 박영호 2024

책값은 뒤표지에 있습니다.
무단 전재와 복제를 금합니다.